Caderno de Saxofone

Erik Heimann Pais

Nº Cat. 400-M

Irmãos Vitale S/A Indústria e Comércio
Rua França Pinto, 42 - Vila Mariana - São Paulo
CEP. 04016-000 - Fone: 11 5081-9499 - Fax: 11 5574-7388

© Copyright 2008 by Irmãos Vitale S.A. Indústria e Comércio.
Todos os direitos autorais reservados para todos os países. *All rights reserved.*

CIP-BRASIL. CATALOGAÇÃO NA FONTE
SINDICATO NACIONAL DOS EDITORES DE LIVROS - RJ.

P165s

Pais, Erik Heimann, 1971-
Sopro Novo Bandas Yamaha : caderno de saxofone / Erik Heimann Pais.
- São Paulo : Irmãos Vitale, 2008.
160p. : il., música + CD

Acompanhado de CD com repertório diversificado
ISBN 978-85-7407-236-4

1. Saxofone - Instrução e estudo.
2. Saxofone - Métodos.
3. Partituras.
   I. Yamaha Musical do Brasil.
   II. Título.
   III. Título: Caderno de saxofone.

08-2156.   CDD: 788.7
                                            CDU: 780.643.2

Créditos

Projeto gráfico: DÉBORA FREITAS

Capa, ilustrações e fotos: NELIZE PEREIRA LIU

Diagramação musical: ANTÔNIO CARLOS NEVES CAMPOS

Revisão: ERIK HEIMANN PAIS & CRISTAL ANGÉLICA VELLOSO

Revisão ortográfica: MARCOS ROQUE

Coordenação do projeto Sopro Novo Bandas: CRISTAL ANGÉLICA VELLOSO

Coordenação editorial: FLÁVIO CARRARA DE CAPUA

Produção executiva: KENICHI MATSUSHIRO (Presidente da Yamaha Musical do Brasil)
                    FERNANDO VITALE

GRAVAÇÃO

Saxofones soprano, alto, tenor e barítono: ERIK HEIMANN PAIS
Erik Heimann Pais utilizou saxofones Yamaha soprano YSS - 475, alto YAS - 62, tenor YTS - 875 e barítono YBS - 62II.

Teclados e acompanhamentos digitais: ANTÔNIO CARLOS NEVES CAMPOS
Maestro Neves utilizou teclado Yamaha PSR - 3000 e Sibelius Software.

Engenheiro de som: CLAYTON ANTONELLI (Tekla Studio Tatuí)

Gerente artístico: ERIK HEIMANN PAIS

Arranjos: ANTÔNIO CARLOS NEVES CAMPOS

ÍNDICE

Prefácio 4
Agradecimentos 5
Introdução 6
Como usar o CD que acompanha este caderno 6

Capítulo 1 - Estudo Consciente
Pensando sobre o estudo 8
Colocando a "casa" em ordem 8
Sugestão de planejamento de estudo 9

Capítulo 2 - Informações Importantes
Noções básicas sobre a história do saxofone 10
O instrumento e seus detalhes 10
A digitação básica 11
Cuidados, limpeza e manutenção 13

Capítulo 3 - O Equipamento Básico
"Som básico" e "Som modificado" 14
A boquilha 15
A abraçadeira 15
A palheta 16
A correia 17
O instrumento 17

Capítulo 4 - Os Fundamentos Básicos
A postura 18
A respiração 18
A embocadura 19
A articulação 19
O mecanismo 20

Paulistana nº 1	21	*Música Suave*	22
Oração	23		

Capítulo 5 - Mãos à Obra 24

Dobrado	25	*Regina*	27
Hortênsia	28	*Dirce*	30
Vestido Vermelho	34	*Cantarola*	35
Fibra de Herói	36	*Doidice*	38
Canção do Expedicionário	40	*Nostalgia*	42
Atraente*	44	*Gaúcho**	46
El Pica Pau*	48	*Obligato ao Saxofone***	50

Capítulo 6 - Referências e Recomendações Bibliográficas 55

Capítulo 7 - Sobre os Compositores, Autor e Arranjador 57

* Obras para quarteto de saxofones SATB.
** Obra com acompanhamento em duas tonalidades.

PREFÁCIO

A Yamaha Musical do Brasil, através do projeto Sopro Novo Bandas, oferece a instrumentistas brasileiros a oportunidade de participarem de *workshops*, palestras e recitais com renomados artistas.

Proporcionar a estudantes de música um contato mais estreito com músicos cujas atividades artística e pedagógica sejam efervescentes tem sido nosso objetivo, porém, isso não nos pareceu o suficiente. Percebemos ainda a necessidade de disponibilizar um material didático e, principalmente, uma referência auditiva para que estes estudantes possam progredir de forma mais eficiente, otimizando tempo e esforço.

Para isso, o professor Erik Heimann Pais, em parceria com o maestro Antônio Carlos Neves Campos, elaborou o *Caderno de Saxofone – Sopro Novo Bandas – Yamaha*. No CD, gravado com saxofones e teclados Yamaha, está um repertório diversificado com obras inéditas e outras já conhecidas do público.

Nossa pretensão é presentear cada pessoa com um trabalho consistente, de bom gosto e acuidade pedagógica. Somos meros colaboradores, porém, fazemos nossa parte com dedicação e empenho.

Sinto-me engrandecida e alegre em poder trabalhar com excelentes profissionais e pessoas tão especiais.

O projeto Sopro Novo Bandas nasce, se sustenta e progride graças à extrema dedicação de profissionais como Erik Heimann Pais e Antônio Carlos Neves Campos. Acreditamos que este trabalho contribui de maneira consistente para a melhoria da *performance* de nossos estudantes e músicos amadores, além de servir como material didático para os músicos profissionais que mantêm em seus corações a eterna sede de ensinar a fazer música. Aproveite!

Cristal Angélica Velloso
Coordenadora de Difusão Musical
Yamaha Musical do Brasil

AGRADECIMENTOS

A minha esposa, Míriam Braga, pelo apoio incondicional, incentivo e inspiração.

A Octávio e a Maria Eliza Azevedo, extraordinária família de "Octávius Extraordinárius".

Ao maestro Neves, ao Clayton Antonelli e ao Marcelo Afonso, pela paciência, atenção e dedicação ao projeto.

A Deise Juliana, pela colaboração e cessão de reportagens biográficas.

A Roger Alonso, pela gentil cessão do barítono para a gravação.

A Marcos Pedroso e a todos os demais amigos saxofonistas que colaboraram valiosamente durante o processo de revisão deste caderno.

As amigas Cristal Velloso, Nelize Liu e demais família da YMDB, pela oportunidade, pelo apoio e pela parceria na realização de mais este trabalho em conjunto. Muito obrigado!

Introdução

Neste caderno, você encontrará informações indispensáveis para o aprimoramento do desejado controle sobre o instrumento, objetivando uma prática cada vez mais prazerosa.

Vamos abordar os fundamentos técnicos básicos para o aprendizado do saxofone e praticá-los bastante, com um repertório que busca manter vivo o espírito das bandas de música e dos inesquecíveis momentos ao redor dos coretos das praças brasileiras.

Bandas de música (termo utilizado popularmente em referência aos agrupamentos musicais de instrumentos de sopro e percussão) fazem parte da história do Brasil e ocupam lugar na memória afetiva de toda a população.

Presentes no país desde logo após o descobrimento, as corporações musicais de sopro e percussão representam, até hoje, a tradição musical de estados e municípios, perpetuando estilos, melodias, danças, canções e ritmos que foram registrados ao longo do tempo pelas mãos carinhosas de compositores regionais.

Além disso, bandas de música, bandas marciais e fanfarras são, muitas vezes, as únicas responsáveis pela continuidade do processo de musicalização do jovem brasileiro, que vai descobrir ali sua vocação para a arte, partindo, a seguir, rumo à profissionalização e à atuação nas bandas e orquestras sinfônicas de concerto.

Este caderno possui repertório de níveis básico, intermediário e avançado, apresentando, portanto, diversos desafios técnicos que valem à pena ser vencidos.

Alunos de nível iniciante serão sempre bem-vindos a explorar este material, praticando suas recém-adquiridas habilidades. Porém, recomendamos que, neste caso, esse processo seja feito sob a supervisão de um professor para que não haja nenhum esforço técnico prematuro. As obras não estão apresentadas em ordem progressiva de dificuldade, pois, devido às diferentes tonalidades (para saxofones em Si♭ e Mi♭), as digitações variam de acordo com o instrumento utilizado.

Os solos foram gravados com os saxofones soprano, alto e tenor, porém, o repertório do caderno inteiro pode ser tocado utilizando-se somente um tipo de saxofone.

Este material não tem por objetivo ser um método completo e auto-suficiente de aprendizado sobre a técnica do saxofone, mas, sim, um compêndio de informações básicas, de grande importância para todos aqueles que se aventuram musicalmente com os saxofones pelas bandas de música brasileiras.

Cada tópico abordado pode e deve servir de guia para pesquisa, discussão e para um aprofundamento contínuo, pois, não há uma verdade absoluta, o certo ou errado definitivo, ou uma metodologia completa e infalível sobre os aspectos técnicos de nosso instrumento.

Aprendemos mais a cada dia e nunca devemos esquecer nosso maior objetivo com o uso do saxofone: diversão ao fazer música.

Bons estudos!

Erik Heimann Pais

Como usar o CD que acompanha este caderno

As primeiras quatro faixas do CD possuem uma nota gravada e afinada em 442 Hz, utilizando, respectivamente, os saxofones soprano, alto, tenor e barítono, fornecendo uma referência para que você afine seu instrumento de acordo com o acompanhamento gravado e faça, assim, melhor proveito de sua prática com o *play-back*.

O CD executará a referência da seguinte maneira:

Ouça com atenção e toque a mesma nota, comparando a afinação de sua nota com a da nota gravada. Repita a faixa algumas vezes tocando sempre junto com a referência.

O objetivo é que não haja oscilações ao tocar junto com a nota gravada, o que deve soar como se fosse uma nota só.

Sopre sempre de forma natural e procure, com pequenas alterações de pressão e relaxamento na embocadura, perceber se sua afinação está "alta" ou "baixa" em relação à referência. Ou seja, se houver oscilações ao tocar junto e elas diminuírem à medida que você aumenta um pouco a pressão dos lábios, sua afinação está "baixa". Se as oscilações diminuírem à medida que você relaxa um pouco a pressão dos lábios, sua afinação está "alta".

Caso existam oscilações, altere um pouco a posição de sua boquilha seguindo o esquema ao lado:

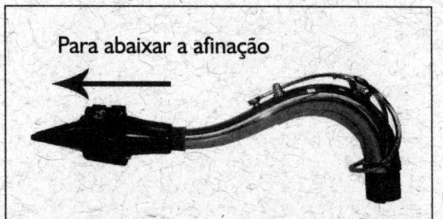
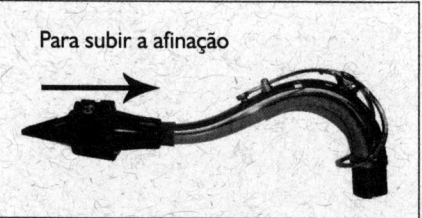

A nota gravada como referência será sempre o Fá sustenido, escrito na quinta linha, por ser uma nota de fácil estabilidade. Entretanto, igualar somente a altura dessa nota não garante que o instrumento esteja bem afinado.

Uma sugestão é sempre verificar a relação entre a nota de referência e outras notas, especialmente compondo intervalos justos. Por exemplo:

O uso de afinador eletrônico é de grande utilidade, mas lembre-se: o principal objetivo é o desenvolvimento do treinamento auditivo e não do visual!

Antes de começar a tocar, verifique sempre com atenção a faixa que contém o acompanhamento correto para a partitura escolhida.

Todas as faixas possuem uma indicação da velocidade em que será executado o acompanhamento.

Alguns acompanhamentos possuem introdução que aparecerá como guia na partitura. Nas partituras que não possuem introdução, você ouvirá uma marcação metronômica antes do início do primeiro compasso para referência da velocidade do pulso.

Se necessário, com a ajuda de um metrônomo, pratique as partituras em andamentos mais lentos, sem o CD, e acelere progressivamente até chegar à velocidade indicada na partitura, para então fazer uso do acompanhamento.

Existem dois tipos de acompanhamentos no CD que complementa este caderno:

1º Acompanhamento em uma só tonalidade, para as músicas que utilizarão partituras diferentes para os diferentes saxofones (saxofones em Mi♭ e em Si♭).

2º Acompanhamento para saxofone em Mi♭ e acompanhamento para saxofone em Si♭ (para a música em que os diferentes saxofones podem utilizar a mesma partitura).

O CD contém sempre uma faixa com ambos, acompanhamento e solo gravados para referência e, em seguida, a mesma faixa sem o solo para ser utilizada ouvindo somente o acompanhamento.

Preste sempre atenção ao símbolo que relaciona a partitura do caderno com as faixas do CD!

CAPÍTULO 1 - Estudo Consciente

Pensando sobre o estudo

Quando tomamos a decisão de aprender a tocar saxofone, assumimos (mesmo que inconscientemente) o compromisso de ter que passar boa parte do nosso tempo estudando, praticando, experimentando, testando, pesquisando, ou seja, buscando constantemente o conhecimento que nos permitirá alcançar os objetivos desejados com o instrumento.

Não importa se começamos a nos interessar por ele porque gostamos de sua sonoridade, porque admiramos sua aparência, porque adoramos aquele estilo musical onde ele é empregado ou porque simplesmente foi o instrumento musical a que tivemos acesso num determinado momento de nossa vida. O fato é que, independente de nosso nível de conhecimento, todos temos o mesmo objetivo: manter o controle do que queremos fazer musicalmente com nosso saxofone no momento da execução. Assim sendo, três aspectos se complementam na busca do tão desejado controle: a informação, a prática e a concentração.

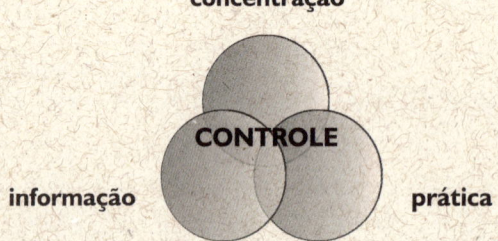

É almejando esse controle que nos lançamos diante do desafio de estudar e aprender as técnicas que nos possibilitarão controlar o saxofone para fazer a música que gostamos.

É normal, no início desse processo, o estudante sair em uma busca desenfreada por acumular métodos, técnicas, repertórios, apostilas, enfim, todo o material coletado possível que contenha informações sobre o instrumento. Porém, freqüentemente, ele acaba se perdendo em um emaranhado de informações que, muitas vezes, não são possíveis de serem colocadas em prática por não pertencerem ao estágio de desenvolvimento técnico em que ele se encontra naquele momento. Portanto, é extremamente útil dedicar alguns minutos do seu tempo para refletir sobre alguns aspectos que servirão para nortear seus passos rumo aos estudos futuros:

Você já parou para pensar por que decidiu aprender a tocar saxofone? Por que você deve estudar tanto? Quais são seus objetivos, sonhos, desejos, perspectivas? Você sabe, de forma clara, qual a estratégia de estudo que o fará atingir, o mais rápido possível, suas metas com o instrumento? Você sabe o que estudar? Você tem informações suficientes para atingir essas metas? Você sabe como colocar em prática todas essas informações?

Uma breve reflexão sobre esses aspectos, por mais simples que seja, serve para começar a organizar as idéias, objetivando um estudo consciente e, conseqüentemente, proporcionando mais progresso em menos tempo.

Colocando a "casa" em ordem

Uma vez iniciado o processo de aprendizado musical, passamos a ter a necessidade cada vez maior de organização, concentração e dedicação aos estudos musicais para manter um gráfico de constante evolução e continuidade.

Desta forma, para "atingir o alvo" do que desejamos controlar ao executar o saxofone, devemos nos preocupar com detalhes de grande importância, como:

- Organizar um cronograma de estudos, ou seja, administrar o tempo livre para estudar música.
- Utilizar um ambiente favorável para o aprendizado.
- Organizar o material do conteúdo a ser utilizado.
- Estabelecer metas que devem ser alcançadas, de forma que o rendimento possa ser auto-avaliado.

Há diversas metodologias e estratégias para o alcance de determinado objetivo no estudo do saxofone. Não existe uma só forma de ensinar e aprender, e isso é muito natural e saudável.

Muitos buscam por didáticas e referências bibliográficas de metodologias que se consagraram, ao longo do tempo, como eficientes e seguras. Porém, nem sempre o acesso a esses métodos é fácil. É aí que se torna mais importante pensar sobre como estabelecer um procedimento de estudo consciente.

É de grande importância que tenhamos bem claros os tópicos e os objetivos que desejamos trabalhar e alcançar. Isso é importante para que possamos adequar aos nossos interesses os materiais que possuímos ou os que temos acesso.

Estabelecer estratégias para acompanhar o progresso e o desenvolvimento de nossos estudos, e avaliar o quanto estamos nos aproximando de nossos objetivos é muito útil.

Vale mencionar que o desenvolvimento técnico de todo instrumentista deve ser "respaldado" por um processo constante e paralelo de aprendizado, visando uma completa alfabetização musical. Lembre-se que alfabetização musical não significa apenas saber o nome das notas musicais, entender algumas figuras rítmicas e ter noções superficiais de divisão. Não há limites para a aquisição de conhecimentos sobre: notação musical, percepção musical, harmonia, história da música e tantos outros tópicos importantes. Quanto mais conhecimento, melhor!

Sugestão de planejamento de estudo

Vamos partir do princípio de que você já determinou a metodologia a seguir, já assimilou os conceitos e estabeleceu as metas, e agora precisa colocar tudo isso em prática.

Para tanto, vale a pena montar um esquema de organização do tempo livre para estudos e preenchê-lo com o conteúdo desejado, atendendo, assim, suas necessidades.

Não importa se o seu tempo de estudo diário é de 30 minutos ou 8 horas. Procure estudar todos os dias..

Como sugestão de planejamento, você pode dividir seu tempo em quatro partes. Elas não precisam ter a mesma duração.

Ao tocar pela primeira vez no dia, faça um **aquecimento** utilizando conteúdos que você saiba bem e precisa manter em dia. Exemplo: respiração, articulação, mecanismos, afinação, resistência, flexibilidade etc.

Logo a seguir, faça o **primeiro desenvolvimento** utilizando conteúdos que você saiba, mas ainda precisa desenvolver. Exemplo: aumentar a velocidade do mecanismo, aprimorar os controles da afinação, do fraseado, da articulação etc.

Trabalhe no **segundo desenvolvimento** aquilo que você ainda não sabe e precisa aprender. Exemplo: aquela técnica específica que você deseja dominar, um repertório novo etc.

Aproveite, na **conclusão** do estudo, para realizar aquilo que você mais gosta de fazer com o instrumento. Exemplo: tocar músicas, estudos, enfim, aquilo que realmente lhe dá satisfação ao fazer.

Vamos pensar na duração de cada parte do estudo, de acordo com seu tempo e necessidade. Por exemplo:

- 10 minutos de aquecimento, 20 minutos para o 1° desenvolvimento, 20 minutos para o 2° desenvolvimento e 10 minutos para a conclusão. Total: 1 hora de estudo.

Ou

- 20 minutos de aquecimento, 1 hora para o 1° desenvolvimento, 2 horas para o 2° desenvolvimento e 40 minutos para a conclusão. Total: 4 horas de estudo.

Existem infinitas formas de se organizar um cronograma de estudos aproveitando ao máximo o tempo disponível, sendo objetivo, determinando conteúdos e avaliando os resultados.

Devemos trabalhar de forma equilibrada, sem forçar. É importante transformar o estudo em uma rotina prazerosa e benéfica. É importante também ter muita paciência, concentração e determinação.

CAPÍTULO 2 - Informações Importantes

Noções básicas sobre a história do saxofone

O saxofone foi inventado na primeira metade do século XIX por Antoine-Joseph Sax, que nasceu na cidade de Dinant, Bélgica, em 6 de novembro de 1814. Seu pai, Charles-Joseph Sax, era um bem-sucedido fabricante de instrumentos musicais e possibilitou que Antoine-Joseph (que mais tarde se auto-intitularia "Adolphe" até o fim da vida) estudasse música e se especializasse também no ofício de fabricar instrumentos.

Porém, mais do que fabricar, Adolphe Sax era fascinado pelas características acústicas e pelas propriedades sonoras dos instrumentos musicais, e dedicou a maior parte do seu tempo às pesquisas para alterações e invenções de novos instrumentos, principalmente de sopro.

A revolução industrial européia, que nesse momento possibilitava mais do que nunca o manuseio do metal e o seu uso em mecanismos complexos, viu nascer dezenas de inventos de Adolphe Sax, que estava sempre em busca de novos sons e possibilidades mecânicas.

Ele inventou saxtrombas, saxtubas, saxhorns. Aperfeiçoou instrumentos que já existiam, como a tuba e o clarinete baixo, e vislumbrou possibilidades sonoras inéditas quando experimentou adaptar uma boquilha com palheta simples em um instrumento musical metálico, de grande formato cônico, chamado oficleide.

Naquele momento nascia a idéia que seria desenvolvida posteriormente para patentear, em 1846, uma nova família de aerofones que serviria às bandas e às orquestras: os saxofones.

Com o aparecimento do saxofone, nascia também a necessidade de uma metodologia de ensino-aprendizado das técnicas para o domínio desse instrumento totalmente novo, bem como a criação de um repertório original para ser executado por ele.

O próprio inventor, radicado nesse momento em Paris, tornou-se o primeiro professor de saxofone da história e desenvolveu, ainda em 1846, com o auxílio de seu amigo Georges Kastner, o primeiro método para aprendizado do saxofone.

Infelizmente, a comunidade musical da época e as tradições culturais dos agrupamentos instrumentais existentes não facilitaram a utilização do saxofone. Sax passou por diversas falências financeiras e vivenciou a incerteza quanto ao futuro da utilidade artística de seu mais famoso invento. Faleceu em 7 de fevereiro de 1894 mal sabendo que décadas mais tarde o saxofone se tornaria um dos instrumentos de sopro mais versáteis de que se tem notícia, vivendo no século XX sua plena expansão e popularização.

O instrumento e seus detalhes

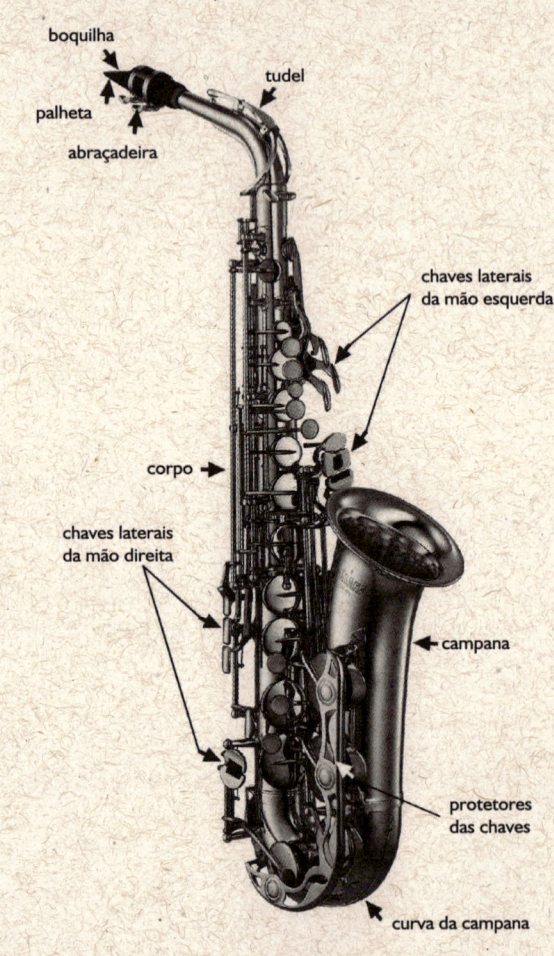

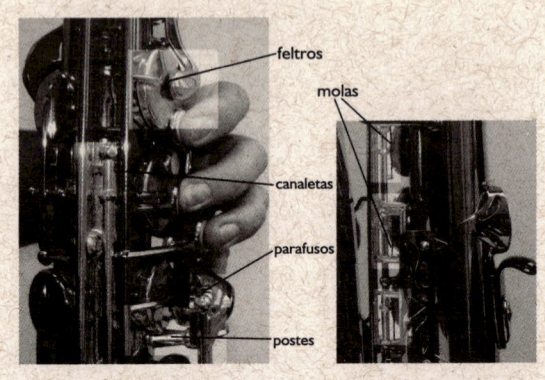

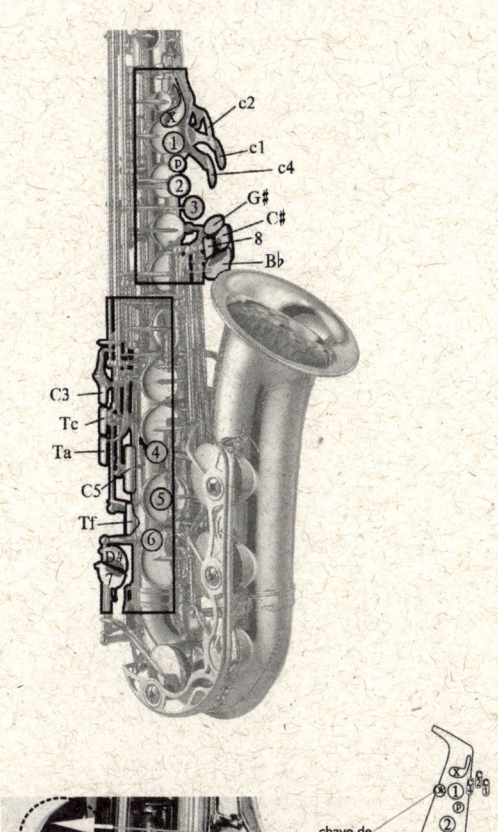

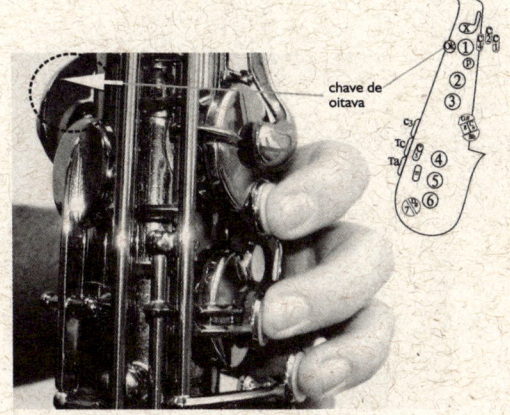

chave de oitava

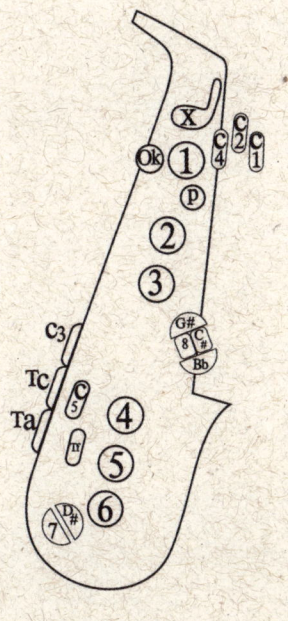

A digitação básica

Como não existe ainda no Brasil uma padronização para a nomenclatura das chaves do saxofone, no quadro de digitação ao lado são apresentadas nomenclaturas que aparecem freqüentemente nas publicações internacionais.

As chaves B, B♭, C♯, D♯ e G♯ usam a simbologia a seguir:

> A = Lá, B = Si, C = Dó, D = Ré,
> E = Mi, F = Fá e G = Sol.

A nomenclatura Ok (*Octave key*) é usada para indicar a chave de registro de oitava.

Em cada figura das digitações, as chaves pintadas são as que devem ser apertadas ou acionadas.

As chaves com números se referem, respectivamente, aos dedos:

> 1 = indicador ME*   2 = médio ME
> 3 = anular ME   4 = indicador MD
> 5 = médio MD   6 = anular MD
> 7 = mínimo MD   8 = mínimo ME

A chave Tf deve ser acionada com o dedo 6. A chave C5 pode ser acionada tanto pelo dedo 5 quanto pelo dedo 6.

A chave D♯ é acionada pelo dedo 7.

As chaves G♯, C♯ e B♭ são acionadas pelo dedo 8.

A chave P é acionada pelo dedo 1 apertando ambas as chaves 1 e P simultaneamente.

A chave X também é acionada pelo dedo 1.

Apresentaremos, na página seguinte, a digitação básica da escala cromática.

*ME = mão esquerda e MD = mão direita

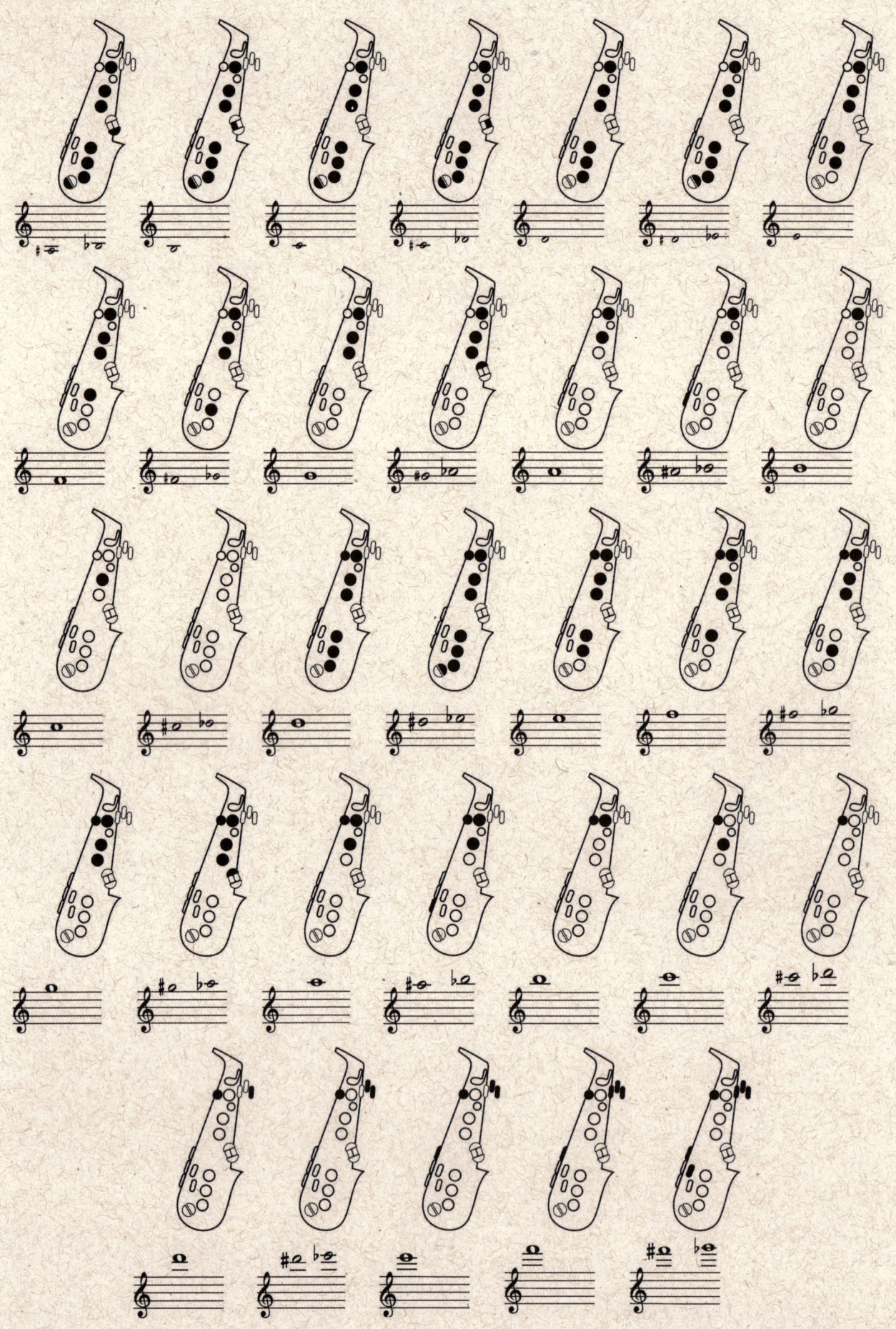

Nota: é extremamente importante pesquisar e aprender também sobre todas as posições alternativas, sabendo, assim, a utilidade de todas as chaves do saxofone, bem como os dedilhados que permitem vários ajustes de afinação.

Cuidados, limpeza e manutenção

Alguns procedimentos e cuidados básicos devem fazer parte de sua rotina para garantir melhor conservação de seu equipamento, aumentando, assim, sua durabilidade e garantindo a eficiência de seu funcionamento.

Tenha sempre no estojo de seu instrumento uma flanela simples para limpeza externa e um pano preparado para limpeza interna (atado a um cordão com um peso na extremidade oposta). Esse último em dois tamanhos: um para o corpo do instrumento e outro para o tudel e a boquilha. Utilize-os sempre antes de guardar o instrumento de volta no estojo.

Para dar brilho ao verniz do acabamento, utilize somente produtos especializados para polimento de instrumentos musicais. Não possuindo tais produtos, utilize apenas a flanela seca e, em casos de sujeiras maiores, utilize uma haste flexível recoberta de algodão embebida em água com um pingo de detergente de cozinha, aplicando apenas no local a ser limpo, umedecendo e, imediatamente, secando bem.

Durante as pausas de uso, procure deixar sempre seu instrumento em pé em suportes. Se tiver de deixá-lo deitado sobre o estojo, utilize o lado das proteções de chaves (foto).

Ao montar o instrumento, procure não forçar as chaves.

Mantenha a cortiça do tudel em perfeito estado, lubrificando-a, se necessário, para uma fácil movimentação da boquilha. (Somente utilize lubrificantes específicos para cortiça de instrumentos musicais.)

De vez em quando, movimente os parafusos com chaves de fenda apropriadas para evitar o emperramento dos mesmos, colocando uma gota de óleo lubrificante (somente se for necessário).

Lave a boquilha periodicamente, utilizando água morna, sabão e uma escovinha. (Nunca utilize água fervente, pois, poderá causar danos à boquilha.)

Capítulo 3 - O Equipamento Básico

"Som básico" e "Som modificado"

Neste capítulo e no próximo, vamos abordar assuntos que fazem parte da vida de todo saxofonista. Todos aqueles que decidem aprender a tocar saxofone iniciam, nesse momento, suas buscas, discussões, pesquisas, debates e experiências sobre os equipamentos e fundamentos básicos necessários para tocar esse instrumento tão peculiar.

Contudo, antes de mais nada, julgamos necessário pensar um pouco sobre o lugar que o saxofone ocupa em nosso universo musical. Com freqüência, as pessoas iniciam o estudo do saxofone tendo em mente um estilo musical determinado, que gostam muito de ouvir, como, por exemplo, choro, jazz, pop, rock, clássico etc. É natural, portanto, que dediquem todas as suas forças em tentar (desde as primeiras notas) reproduzir esses estilos ao tocar o instrumento.

Entretanto, o saxofone é um instrumento muito propício às modulações do timbre e às distorções do som. Aliás, essas são características principais que tornaram o saxofone tão popular como instrumento solista.

Desta forma, acreditamos ser de grande utilidade a reflexão sobre dois conceitos sonoros extremamente importantes, os quais chamaremos de "som básico" e de "som modificado" (ou "som alterado").

Compreender a diferença entre esses dois simples conceitos é determinante para o bom desenvolvimento dos fundamentos básicos, para a escolha dos equipamentos básicos e para a metodologia a ser utilizada para aperfeiçoar o controle sobre o que realmente se quer realizar com o instrumento.

Chamaremos "som básico" aquele que reflete fielmente o timbre do conjunto instrumento-boquilha-palheta-abraçadeira, produzido por um sopro com velocidade constante através de uma embocadura firme e estável. Esse som tem as mesmas características de timbre nas diferentes regiões do instrumento e nas diferentes dinâmicas. As notas não possuem modulações ou distorções de afinação.

Denominaremos "som modificado" toda e qualquer alteração que se faça ao "som básico", por movimento e alterações da embocadura, da língua, do sopro, da garganta etc. No "som modificado", a nota não aparece simplesmente com aquela altura definida por uma freqüência exata, mas, sim, envolta por efeitos sonoros que caracterizam determinados estilos musicais.

Portanto, se o "som modificado" é uma alteração do "som básico", sugerimos ao estudante que domine primeiramente o "som básico" do saxofone, em toda a sua extensão, possibilitando a execução de qualquer partitura musical e sua cômoda participação em conjuntos instrumentais com mais de um instrumentista de sopro. E, a partir daí, desenvolva as técnicas necessárias para realizar os efeitos sonoros tão desejados para se destacar como solista.

As informações e os conceitos que serão apresentados a seguir visam facilitar o controle do "som básico" necessário para uma participação confortável e prazerosa do saxofonista nas bandas de música.

Os tópicos serão abordados de forma simples e resumida. Portanto, reforçamos a sugestão de uma pesquisa posterior continuada e mais aprofundada sobre o assunto. Um bom equipamento é pré-requisito para o sucesso da aplicação, exercício e resultado dos fundamentos básicos. Sendo assim, começaremos pelo chamado "coração do som", ou seja, o conjunto responsável pelo princípio sonoro do saxofone: boquilha-palheta-abraçadeira.

A boquilha

Existem três aspectos que agem em conjunto e, portanto, é fundamental que se amplie a consciência sobre eles para escolher uma boquilha que facilite seu aprendizado: o material de que ela é feita, o formato e o tamanho de sua câmara interna, e sua abertura.

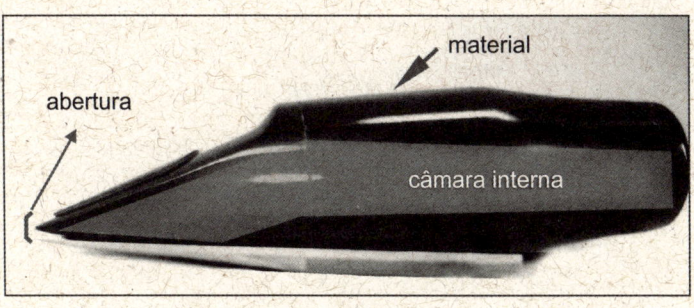

O material usado para fabricar uma boquilha implica, conjuntamente com o formato de sua câmara interna, sobre o timbre produzido. Os principais materiais são o metal e a ebonite (massa), porém existem muitos outros materiais utilizados na confecção de boquilhas. Geralmente, as boquilhas com paredes mais finas, estreitas e curtas possuem uma tendência de timbre mais "brilhante", "aberto", "agressivo" e as de características opostas possuem uma sonoridade mais "escura", "fechada", "suave". O resultado sonoro de uma boquilha será sempre muito pessoal e ligado diretamente ao formato da cavidade bucal de quem toca e à combinação boquilha-palheta. A escolha do material de uma boquilha deve estar relacionada com a atuação musical do saxofonista. Não é rara a utilização de diferentes tipos de boquilhas para diferentes atuações musicais.

A câmara interna da boquilha é o local onde é formatada a primeira ressonância do som que será amplificado pelo tubo do saxofone e implica diretamente, em conjunto com o material, sobre o timbre e o volume do som. Existe uma infinidade de formatos de cavidade interna da boquilha e cada um resulta em uma característica sonora diferente. Geralmente, boquilhas com câmaras maiores tendem a produzir menos volume do que as de câmaras menores, produzindo um timbre mais "aveludado".

A abertura da boquilha é a distância entre a ponta (da boquilha) em relação à ponta da palheta implicando em toda a curva da face da boquilha. Essa abertura implica diretamente na resistência que a palheta deve ter, possibilitando mais ou menos flexibilidade de modulações de timbre e afinação. Em geral, quanto maior a abertura da boquilha menor deverá ser a resistência da palheta e vice-versa.

Como vimos, a escolha da boquilha deve ser tema de muita pesquisa e experimentação, pois, não há como generalizar esses conceitos de forma que sejam aplicados igualmente a todos os indivíduos. No início, dê preferência às boquilhas chamadas intermediárias, fugindo dos extremos em todos os sentidos. A partir daí, ouça muitas referências sonoras de saxofonistas experientes e pesquise sobre as boquilhas usadas por eles, relacionando-as sempre aos estilos musicais em que estão sendo aplicadas.

A abraçadeira

Sobre as abraçadeiras (ou, simplesmente, braçadeiras) três aspectos também devem ser observados: o material de que elas são feitas, a capacidade de imobilização da palheta e a permissividade de vibração da mesma.

De maneira muito mais sutil do que a boquilha, o material de que é feita a abraçadeira também implica no timbre. De fato, essa mínima alteração é mais perceptível a quem toca do que a quem ouve. Contudo, as abraçadeiras são fabricadas, geralmente, em metal, couro e corda, e seguem ao princípio de "abafar" mais ou menos a vibração do material da boquilha e da palheta, de acordo com o timbre desejado.

A capacidade de imobilização da palheta é, na verdade, o principal objetivo desse equipamento. A imobilização, bem como a soltura da palheta, deve ser fácil e rápida e não pode causar nenhum tipo de dano à palheta ou à boquilha.

A permissividade de vibração que a abraçadeira possibilita à palheta é modificada alterando-se a característica e a quantidade do material que fica em contato com sua base durante o período de imobilização. Atualmente, são muitos os formatos e materiais utilizados para este fim e, novamente, a percepção é mais aguçada a quem toca do que a quem ouve. Em geral, para sonoridades mais "escuras" são utilizados materiais como couro e borracha, em maior quantidade de contato com a palheta e, para sonoridades mais "brilhantes", geralmente é utilizado o metal e em menor quantidade de contato com a palheta.

A palheta

A palheta é a parte que completa, juntamente com a boquilha-abraçadeira, o "coração do som" de um saxofonista. É importante atentar para a qualidade do material de que ela é feita, as características de seu corte e sua resistência, bem como para os cuidados com sua conservação e manutenção.

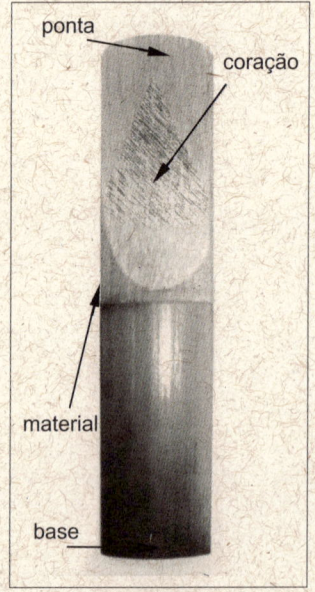

As palhetas usadas pelos saxofonistas podem ser naturais, feitas de um bambu cientificamente conhecido como *Arundo donax*, cultivado em regiões muito frias e secas, ou de materiais plásticos sintéticos. Embora as palhetas sintéticas não imitem absolutamente as propriedades sonoras das palhetas naturais, ambos os tipos são oferecidos em diversos padrões de qualidade e é importante realizar uma pesquisa de mercado sobre os fabricantes mais conceituados.

Um mesmo fabricante pode ter diversos modelos diferentes de palheta. Alguns oferecem diferentes qualidades de cana (o que se reflete diretamente nos preços) e outros oferecem palhetas com diferentes cortes, alterando seus ângulos e espessuras, produzindo vibrações e respostas sonoras diferentes. Novamente, vale a pena uma vasta pesquisa e, principalmente, uma experimentação dos modelos oferecidos no mercado.

A resistência da palheta é o ponto onde devemos concentrar nossos maiores esforços. Para atingirmos uma perfeita combinação boquilha-palheta, devemos entender que a maioria dos fabricantes oferece palhetas marcadas com uma numeração que indica a sua resistência: de mais branda a mais dura. Sendo assim, podemos experimentar diferentes numerações até encontrar aquela que nos permita executar todas as notas do saxofone, do grave ao agudo, com facilidade de emissão, e timbre belo e homogêneo. As palhetas, em sua maioria, são classificadas com numeração de 1 a 5 e, assim como as boquilhas, numerações intermediárias são as mais recomendadas para estudantes, evitando, dessa forma, os extremos. Outro aspecto importante com relação à resistência da palheta é que ela é diretamente proporcional à resistência dos músculos da embocadura. Portanto, quando se altera o uso de determinada numeração de palheta para outra, é natural sentir um pouco de desconforto ao tocar. À medida que os estudos evoluem, tal dificuldade deve desaparecer completamente.

Lembramos que palhetas são fabricadas em série e, portanto, suas características são altamente inconstantes. Além disso, as palhetas naturais são sensíveis às variações de temperatura e umidade, e se desgastam por esforço repetido.

Em resumo, devemos ter muito cuidado ao manuseá-las para não ferir suas partes mais finas e frágeis, e devemos ter o cuidado de guardá-las em estojos apropriados, prevenir, através de rodízios, que se ressequem ou se desgastem excessivamente, e até conhecer a fundo suas propriedades para poder interagir com ferramentas apropriadas e alterar suas características de acordo com as deficiências apresentadas.

A correia

A correia pode, à primeira vista, parecer um simples acessório, porém, este importante equipamento está diretamente relacionado, entre outras coisas, com uma postura corporal correta, que viabiliza uma boa respiração; com um bom posicionamento angular de embocadura, que possibilita o controle da sonoridade; e com uma boa posição das mãos, que facilita o desenvolvimento da agilidade pelo mecanismo.

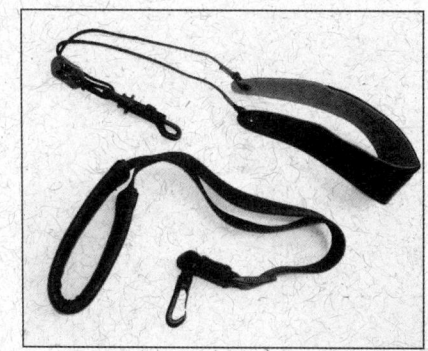

É importante que a correia seja confortável (seja de pescoço ou cruzada nas costas); que seja segura (com clipes de carbono ou metal revestido); e que seu ajuste de altura seja flexível, permitindo uma variação rápida e fácil.

O instrumento

Por mais que saibamos a importância de todos os outros equipamentos básicos, o instrumento será sempre o nosso maior sonho. Alguns aspectos importantes devem ser levados em conta no momento de adquirir o tão sonhado instrumento. São eles: o timbre, a precisão do mecanismo, a anatomia das chaves, o equilíbrio da escala, a facilidade de emissão, a durabilidade e a aparência do acabamento.

Cada um dos itens acima deve ser extensamente pesquisado e, sempre que possível, experimentado, para garantir, assim, a satisfação de adquirir um saxofone com a melhor relação custo-benefício.

Nota: embora não figurem como equipamentos básicos, não devemos deixar de conhecer e possuir alguns acessórios de extrema utilidade e importância para os saxofonistas, como por exemplo: estante de partituras, metrônomo, afinador, entre outros.

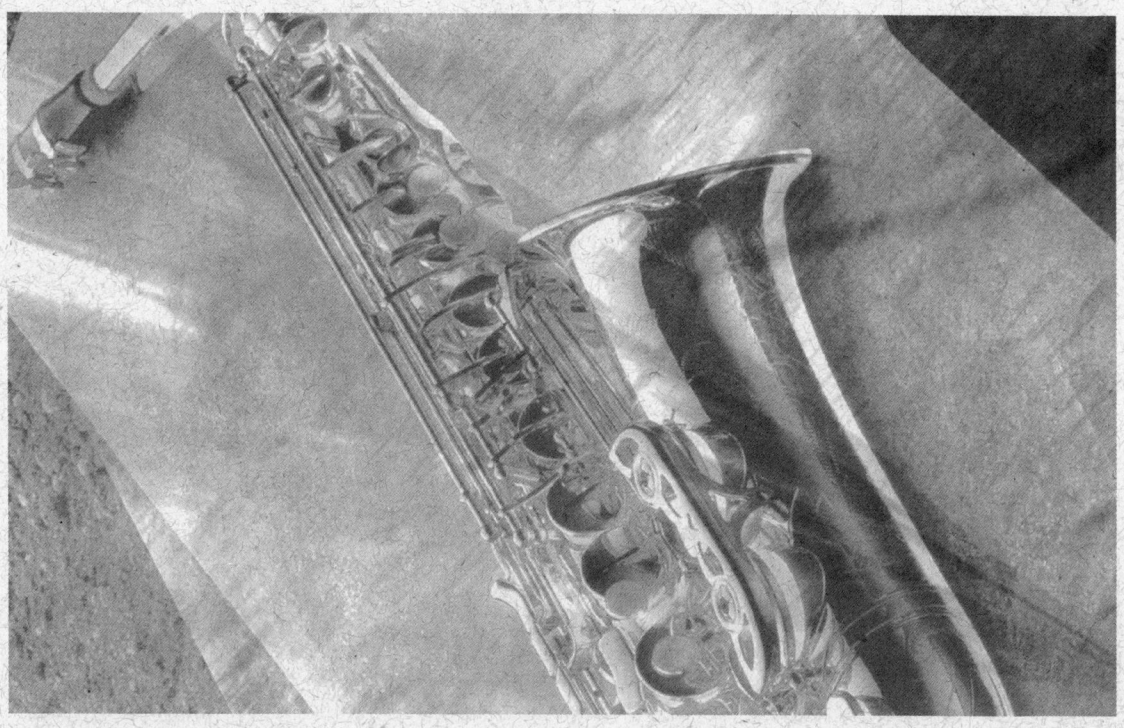

CAPÍTULO 4 - Os Fundamentos Básicos

A postura

A postura corporal figura como o primeiro fundamento básico, pois é pré-requisito para uma boa respiração e um bom dedilhado das chaves. Tanto em pé quanto sentado, o saxofonista deve permanecer com o tronco ereto, de forma natural, sem nenhum tipo de tensão ou torção muscular, para ter equilíbrio para soprar e, ao mesmo tempo, controlar a digitação do instrumento. Os saxofones alto e tenor podem ser segurados tanto na frente do corpo quanto na lateral, desde que seguidas as mesmas orientações de postura dadas anteriormente. Os demais saxofones possuem, geralmente, uma só posição de execução. O saxofone deve se ajustar ao corpo como se fosse uma extensão natural do mesmo. Embora algumas *performances* exijam um afastamento momentâneo, devemos manter o instrumento em contato com o corpo o máximo possível, a fim de evitar danos musculares nos braços e nas mãos. Mantenha os pés levemente afastados, com o peso do corpo distribuído igualmente pelas duas pernas quando tocar em pé e sente-se na ponta da cadeira, com as costas retas e afastadas do encosto quando tocar sentado.

Em pé – postura frontal

Sentado – postura frontal

Sentado – postura lateral

Sentado – postura frontal

Sentado – postura lateral

A respiração

Como o saxofone é um instrumento de sopro, o ar é o combustível indispensável. Ar é som e como todos os aerofones, o saxofone foi projetado para funcionar facilmente, por completo, desde que se use o ar apropriadamente.

O processo de respiração necessário para tocar saxofone não é o mesmo no dia-a-dia para sobreviver. As principais diferenças entre as duas formas de inspirar-expirar estão na quantidade de ar inalada, na velocidade em que ele é inspirado e exalado, e na força feita para estabelecer uma coluna de ar.

Para entender e praticar o controle da respiração para tocar saxofone é importante ter em mente quais as partes do corpo que estão envolvidas nesse processo. São elas: a cavidade oral, o aparelho respiratório (laringe, esôfago, traquéia, pulmões etc.), os músculos da caixa torácica e o diafragma.

Depois que o saxofonista se torna profissional e trabalha com diferentes estilos musicais são permitidas algumas variáveis no processo respiratório, porém, para aqueles que estão na etapa de desenvolvimento do controle

da emissão, sonoridade e afinação de toda a tessitura do instrumento, o principal objetivo da respiração deve ser a velocidade constante do sopro.

Para isso, a respiração funciona de maneira simples: primeiro, inspira-se grande quantidade de ar pela boca (de forma muito rápida) enchendo os pulmões e expandindo a caixa torácica (que inclui a involuntária mudança de posicionamento do diafragma para permitir uma maior expansão dos pulmões) e, em seguida, expira-se utilizando o diafragma com uma série de músculos intercostais e abdominais para aumentar a pressão interna do ar forçando-o a sair com muita velocidade. O controle do apoio fornecido por todos esses músculos é fundamental para a manutenção do fluxo de ar, que gerará uma pressão no interior do tubo, possibilitando assim, a propagação do som por seu interior.

Desta forma, a tessitura inteira do saxofone pode ser emitida com a mesma velocidade de sopro, alterando-se apenas o formato da cavidade oral à medida que se alteram os registros.

Para alterações de intensidade sonora (volume), utilizamos a garganta junto com a cavidade oral, que servirá como uma válvula, regulando a passagem do ar, seguindo o princípio: mais ar = mais som, menos ar = menos som.

A embocadura

A embocadura é nossa principal conexão com o instrumento e, novamente, à medida que o controle deste processo se torna automático e nos especializamos em determinados estilos musicais, muitas variáveis são permitidas e até indispensáveis. Neste caderno, abordaremos o processo básico de embocadura necessário para obter o controle da sonoridade em toda a tessitura do instrumento.

Os principais objetivos da embocadura são manter o correto direcionamento do fluxo de ar através do conjunto boquilha-palheta e controlar a vibração da palheta em um constante processo de "lapidação" da sonoridade (timbre e afinação).

Para isso, utilizamos os dentes superiores e inferiores, o queixo, os lábios e dezenas de músculos da face que se encontram ao redor dos lábios.

Os dentes superiores se apóiam na parte superior da boquilha, os dentes inferiores são encobertos por uma pequena quantidade do lábio inferior (em direção ao interior da boca). Os cantos da boca se movimentam em direção ao centro da boca.

Assim, podemos imaginar que a embocadura funciona como uma envoltura circular do conjunto boquilha-palheta com músculos exercendo suporte em todas as direções (foto).

A língua deve ser posicionada em repouso na parte inferior da cavidade oral, dando passagem ao ar, e os lábios inferiores e superiores devem ser mantidos no mesmo alinhamento angular. Finalmente, determinamos a quantidade de boquilha dentro da boca, coincidindo (aproximadamente) os lábios com o local em que a palheta se desprende da base da boquilha, possibilitando uma área de vibração suficiente e controlável para a produção de uma boa sonoridade.

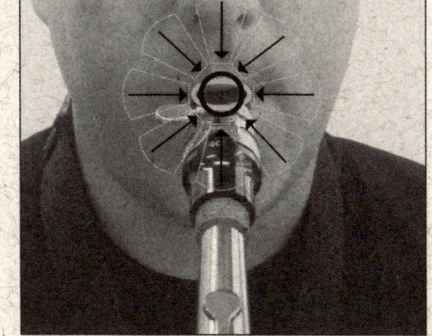

Vale lembrar que determinados estilos musicais podem requerer efeitos alcançados através de movimentos de embocadura durante a emissão do som, porém, para controlar o som básico por toda a tessitura do instrumento, a embocadura permanece a mesma. Nos diferentes registros, alguns microajustes de embocadura são realizados juntamente com alterações da cavidade oral, entretanto, tais movimentos não são perceptíveis externamente.

A articulação

Quando nos referimos à "articulação", estamos falando sobre a diferenciação entre sons ligados e separados em suas infinitas variáveis. Existem várias maneiras das diferenciações serem produzidas, porém, por enquanto, vamos nos atentar às produzidas pela língua.

A língua é o músculo mais utilizado para articular os sons ligados, bem como para emitir com precisão o primeiro som depois de uma inspiração.

No momento em que a emissão do ar é iniciada, a língua impulsiona a palheta começando, assim, o seu ciclo de vibrações. A partir daí, sempre que a língua encostar novamente na palheta, ela interromperá a sua vibração de forma parcial ou completa gerando inúmeros gamas de alteração no som contínuo.

Como qualquer músculo, o movimento da língua deve ser exercitado constantemente para o aumento do controle sobre as diferentes forças utilizadas, as diferentes áreas de contato e a agilidade necessária para articular em diversas velocidades.

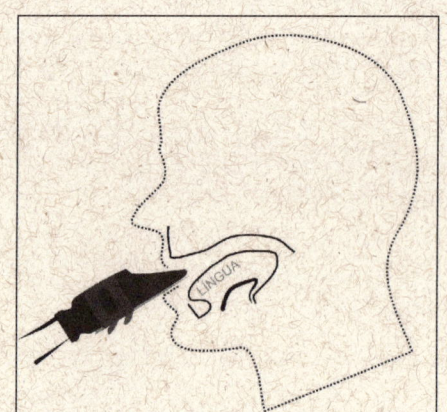

O mecanismo

Utilizar as tabelas de digitação para aprender quais chaves acionar para emitir uma determinada nota não basta. É necessário desenvolver uma rotina de estudos para aumentar progressivamente o controle e a agilidade dos dedos em todas as digitações existentes no saxofone.

O posicionamento e o movimento das mãos e dos dedos (individualmente ou em combinações) devem ser exercitados de forma repetitiva, controlando-se gradualmente a velocidade e, principalmente, de forma ritmada. Para que os estudos de mecanismo surtam efeito, facilitando o domínio do repertório, é fundamental que o pulso e o ritmo estejam presentes desde o início, em qualquer exercício, e o auxílio do metrônomo nesse momento é extremamente bem-vindo.

Todas as digitações necessárias para a execução das notas de qualquer registro do saxofone, e em qualquer combinação, podem ser aprendidas e dominadas, não importa a velocidade, desde que exercitadas a partir de um andamento lento o suficiente para o controle do movimento das mãos e dos dedos, com ritmos estabelecidos, muita paciência e concentração.

A posição das mãos deve ser a mais natural e relaxada possível (fotos), evitando tensões em qualquer um dos dedos (inclusive aqueles que não estão sendo usados em determinada digitação). Procure colocar a mão e os dedos no saxofone como se estivesse segurando uma bolinha de borracha, concentrando a força de acionamento das chaves na primeira falange dos dedos, tomando o cuidado para que a força seja suficiente apenas para abrir ou fechar a chave e nada mais.

 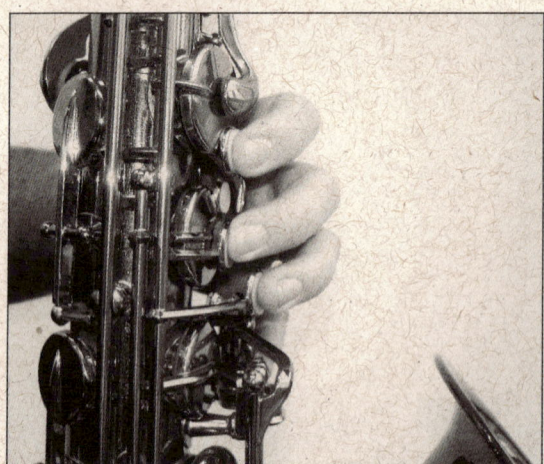 

A seguir, apresentamos três obras para que você possa pôr em prática todos os fundamentos básicos até aqui apresentados. São obras em andamentos suficientemente lentos para exercitar o controle da respiração, a precisão, a leveza da articulação e do mecanismo, e a resistência e a flexibilidade da embocadura.

Para a afinação, utilize as referências conforme orientação nas páginas 6 e 7, e escolha de uma das faixas abaixo, a que corresponde ao seu saxofone.

PAULISTANA Nº 1

Saxofones em Si♭
Arr.: NEVES

CLAUDIO SANTORO

© Copyright 1955 by Irmãos Vitale S/A Ind. e Com. – São Paulo – Rio de Janeiro – Brasil
Todos os direitos autorais reservados para todos os países. *All rights reserved.*

PAULISTANA Nº 1

Saxofones em Mi♭
Arr.: NEVES

CLAUDIO SANTORO

© Copyright 1955 by Irmãos Vitale S/A Ind. e Com. – São Paulo – Rio de Janeiro – Brasil
Todos os direitos autorais reservados para todos os países. *All rights reserved.*

MÚSICA SUAVE

Saxofones em Si♭

ANTÔNIO CARLOS NEVES CAMPOS

MÚSICA SUAVE

Saxofones em Mi♭

ANTÔNIO CARLOS NEVES CAMPOS

ORAÇÃO

Saxofones em Mi♭

ANTÔNIO CARLOS NEVES CAMPOS

ORAÇÃO

Saxofones em Si♭

ANTÔNIO CARLOS NEVES CAMPOS

CAPÍTULO 5 - Mãos à Obra

Neste capítulo, os fundamentos básicos serão praticados com uma linguagem característica do repertório das bandas de música.

Entre as obras, você encontrará dobrados, valsas, marchas e canções que relembrarão apresentações em coretos de cidades do interior.

Com arranjos do maestro Neves, você poderá praticar várias obras; de Bimbo Azevedo, Guerra-Peixe, Spartacco Rossi, além de um dobrado de autoria do próprio maestro, que de alguma forma resgatam a memória dessa linguagem tão alegre e característica de entretenimento musical.

Também há três composições no caderno: "Gaúcho" e "Atraente", de Chiquinha Gonzaga, e "El Pica Pau", de Bimbo Azevedo, que foram arranjadas para quarteto de saxofones SATB (soprano, alto, tenor e barítono). Cada obra aparecerá completa em uma faixa do CD e, em seguida, aparecerá sem a 1ª voz (que poderá ser executada por saxofones em Si♭ ou em Mi♭).

Para finalizar o repertório, você encontrará a composição "Obligato ao Saxofone", obra original de Marcelo Afonso composta especialmente para este caderno. Nessa peça, o compositor explora as possibilidades do saxofone como instrumento solista diante da banda e, desta vez, a partitura é a mesma, tanto para os saxofonistas que usam instrumentos em Mi♭, quanto em Si♭, pois o acompanhamento da banda foi transportado para outra tonalidade e aparece em duas faixas diferentes do CD.

Espero que você se divirta e aproveite este material. Portanto, mãos à obra!

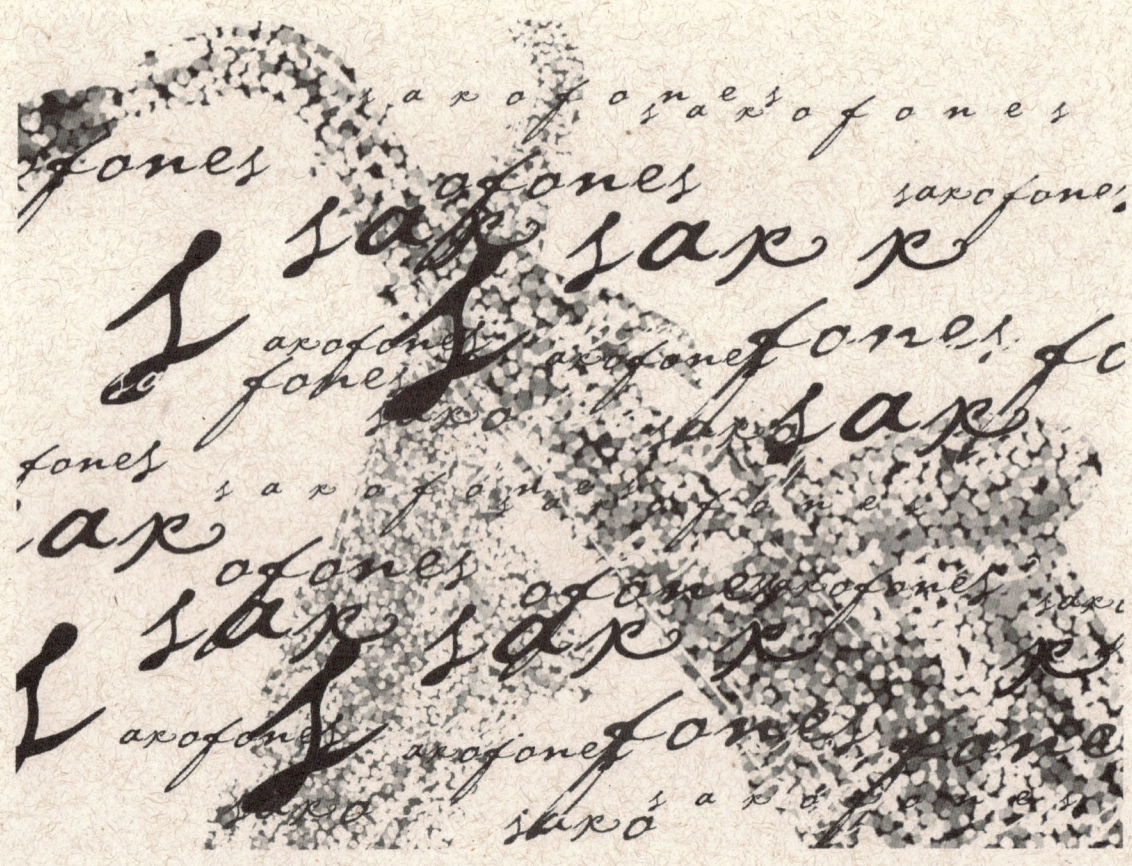

DOBRADO

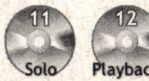

Saxofones em Mi♭

ANTÔNIO CARLOS NEVES CAMPOS

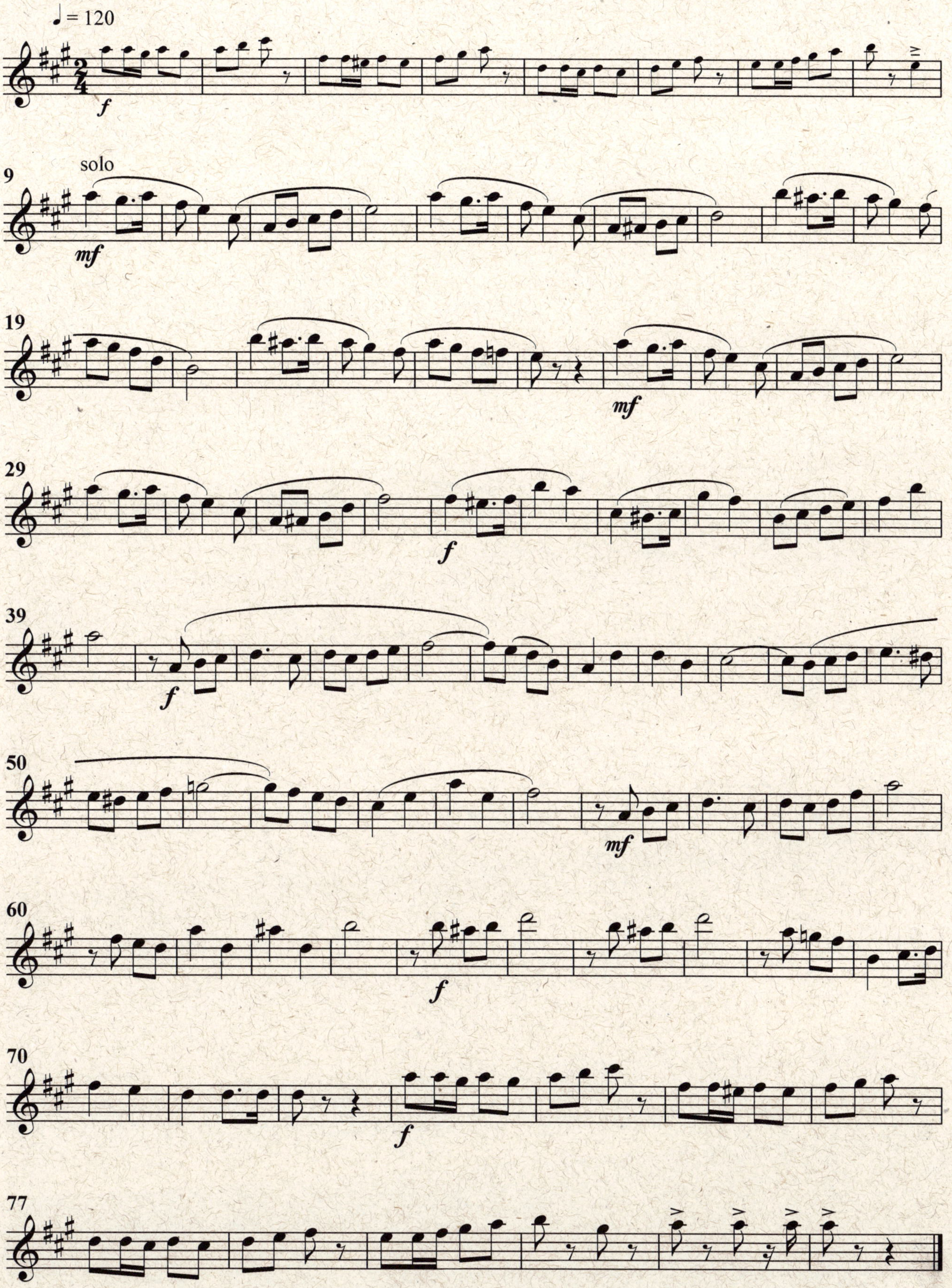

DOBRADO

11 Solo 12 Playback

Saxofones em Si♭

ANTÔNIO CARLOS NEVES CAMPOS

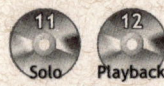

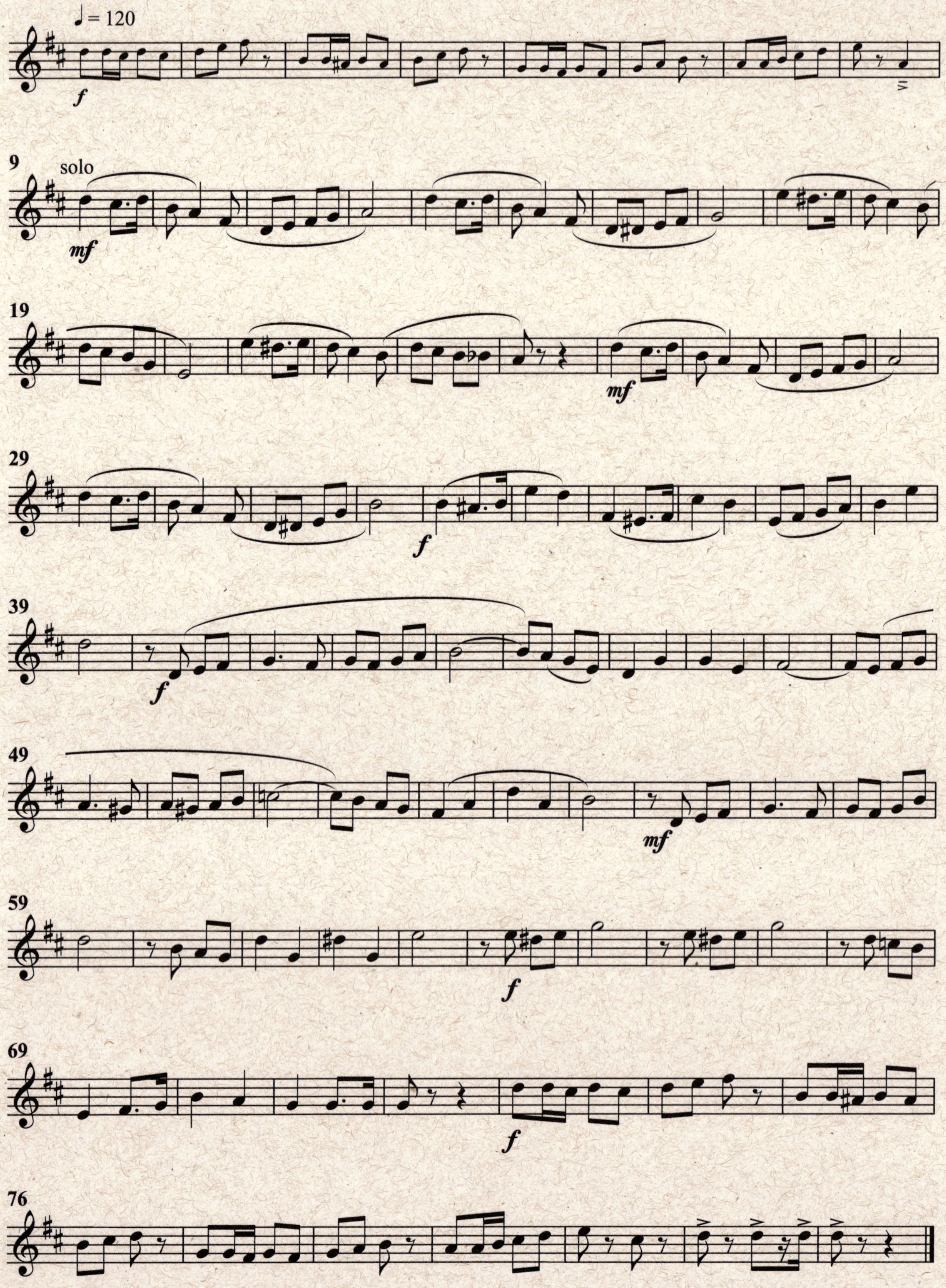

REGINA

Saxofones em Si♭
Arr.: NEVES

OCTÁVIO "BIMBO" AZEVEDO

REGINA

Saxofones em Mi♭
Arr.: NEVES

OCTÁVIO "BIMBO" AZEVEDO

HORTÊNSIA

Saxofones em Mib
Arr.: NEVES

OCTÁVIO "BIMBO" AZEVEDO

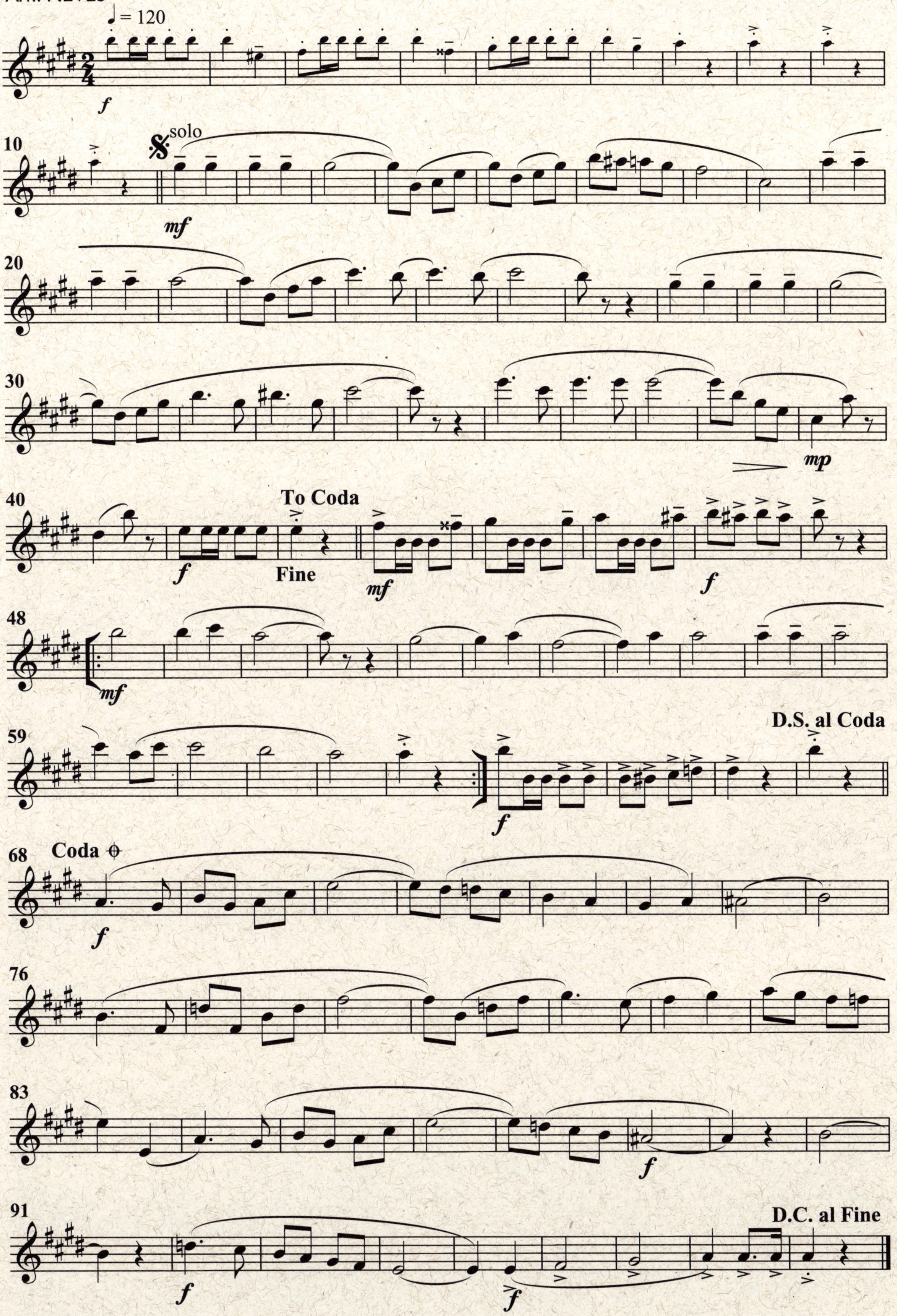

DIRCE

17 Solo 18 Playback

Saxofones em Mi♭
Arr.: NEVES

OCTÁVIO AZEVEDO

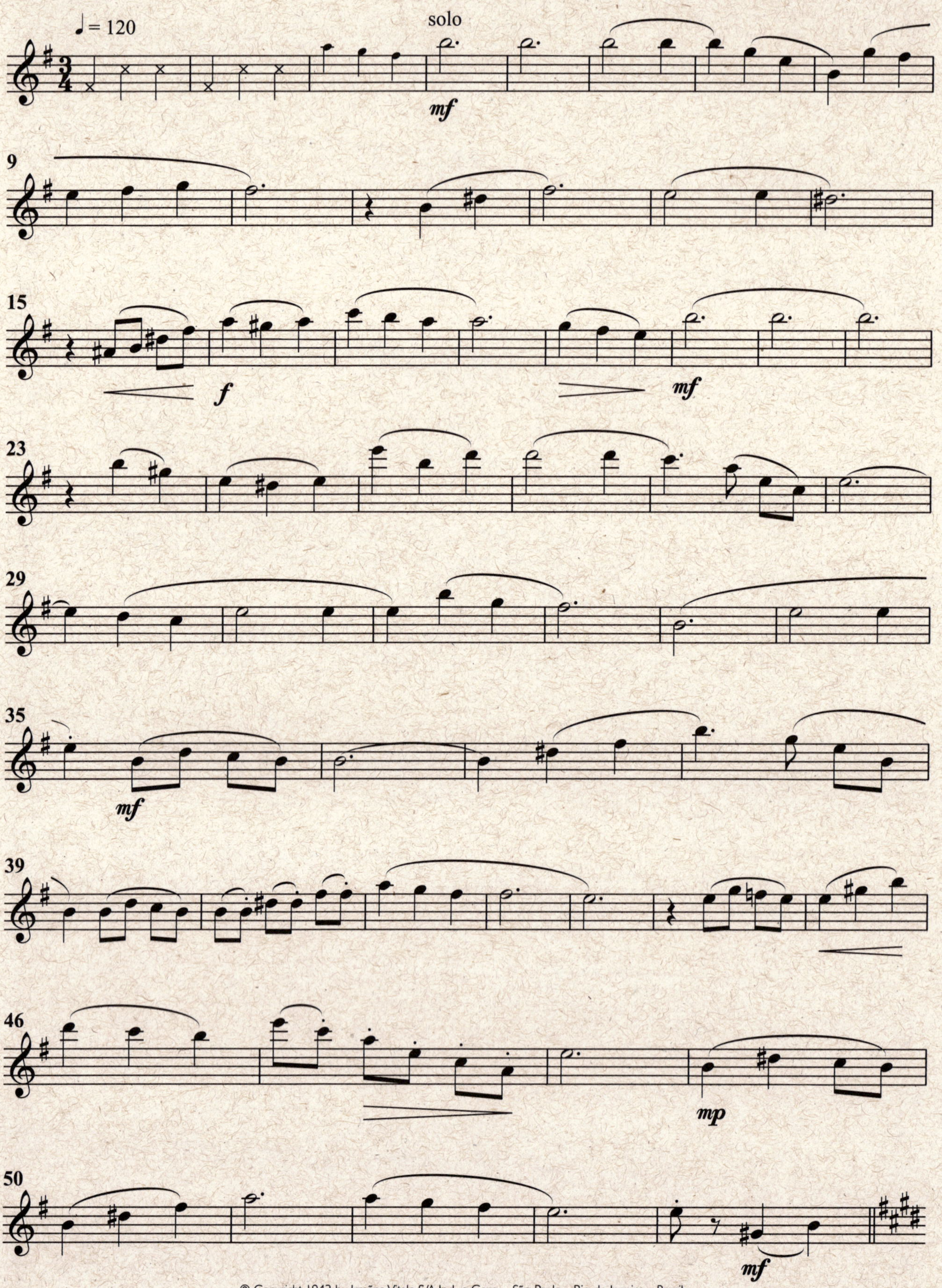

DIRCE
Saxofones em Mi♭

continuação

DIRCE

Saxofones em Si♭
Arr.: NEVES

OCTÁVIO AZEVEDO

© Copyright 1943 by Irmãos Vitale S/A Ind. e Com. – São Paulo – Rio de Janeiro – Brasil
Todos os direitos autorais reservados para todos os países. *All rights reserved.*

DIRCE
Saxofones em Si♭

continuação

33

VESTIDO VERMELHO

Saxofones em Mi♭
Arr.: NEVES

OCTÁVIO "BIMBO" AZEVEDO

VESTIDO VERMELHO

Saxofones em Si♭
Arr.: NEVES

OCTÁVIO "BIMBO" AZEVEDO

CANTAROLA

21 Solo 22 Playback

Saxofones em Sib

OCTÁVIO "BIMBO" AZEVEDO

Arr.: NEVES

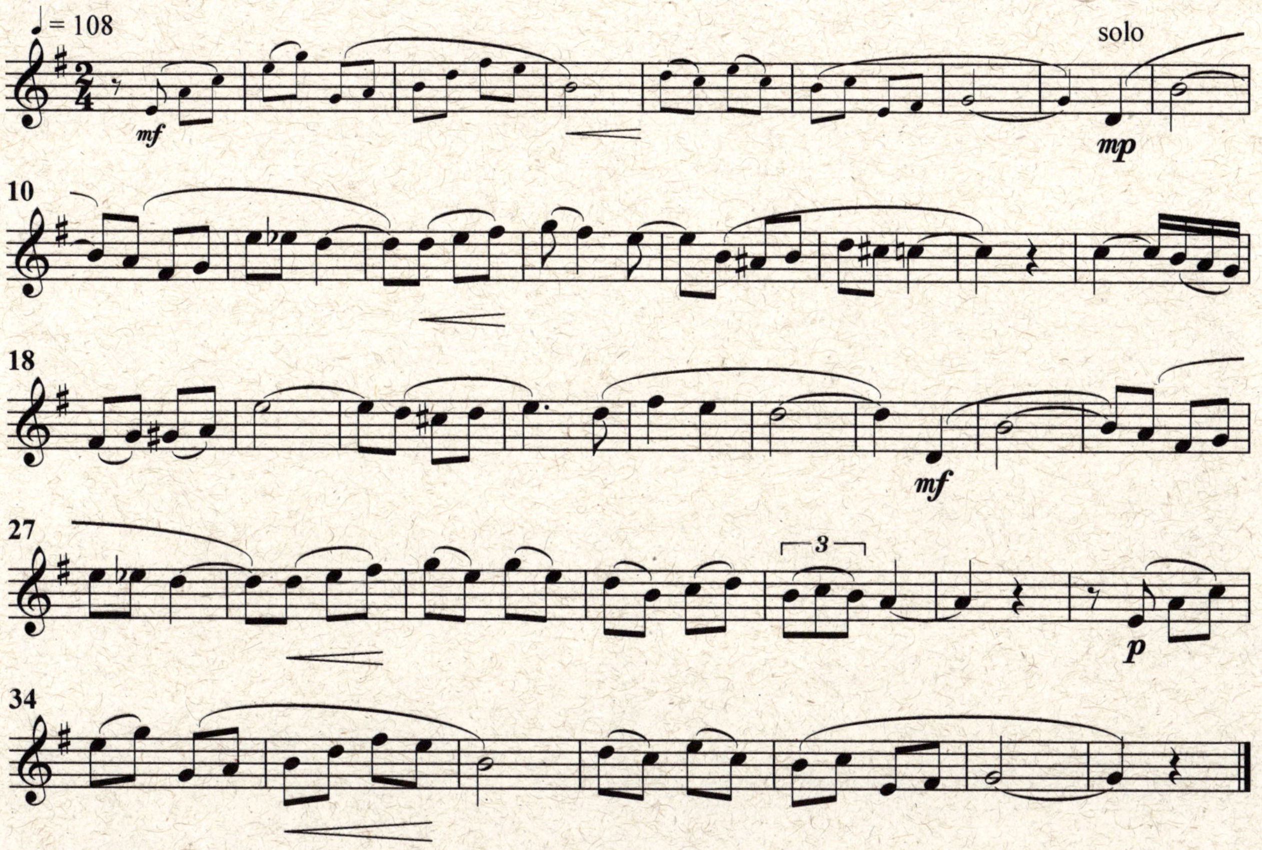

CANTAROLA

21 Solo 22 Playback

Saxofones em Mib

OCTÁVIO "BIMBO" AZEVEDO

Arr.: NEVES

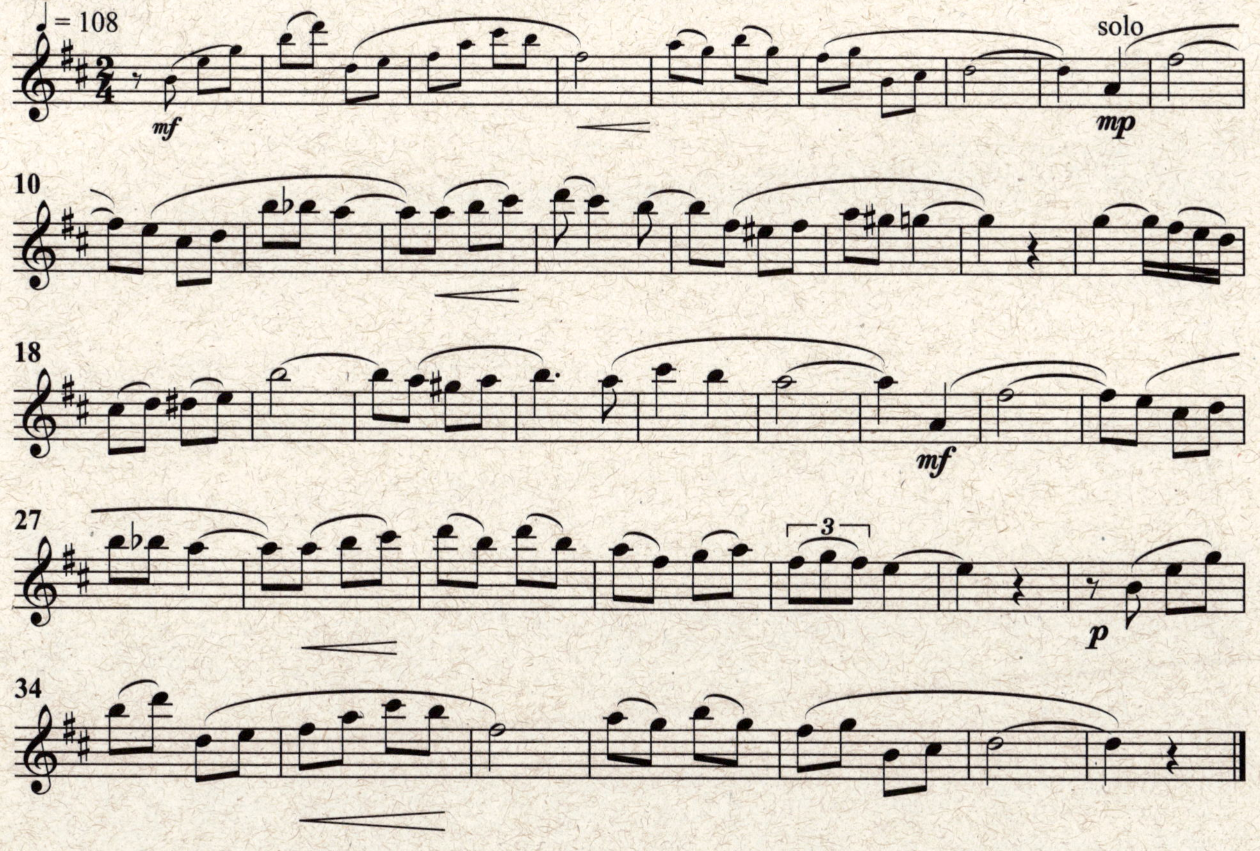

FIBRA DE HERÓI

Saxofones em Mi♭
Arr.: NEVES

TEÓFILO DE BARROS FILHO
GUERRA-PEIXE

FIBRA DE HERÓI

Saxofones em Si♭
Arr.: NEVES

TEÓFILO DE BARROS FILHO
GUERRA-PEIXE

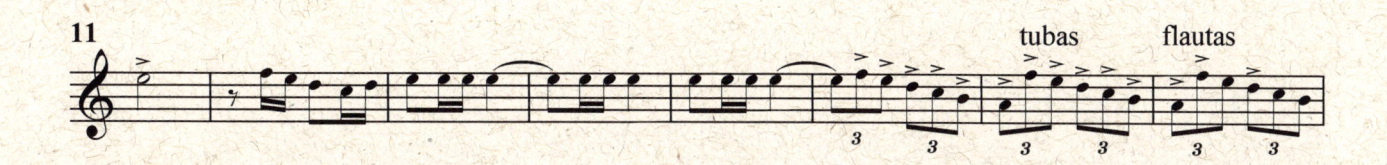

DOIDICE

Saxofones em Mi♭
Arr.: NEVES

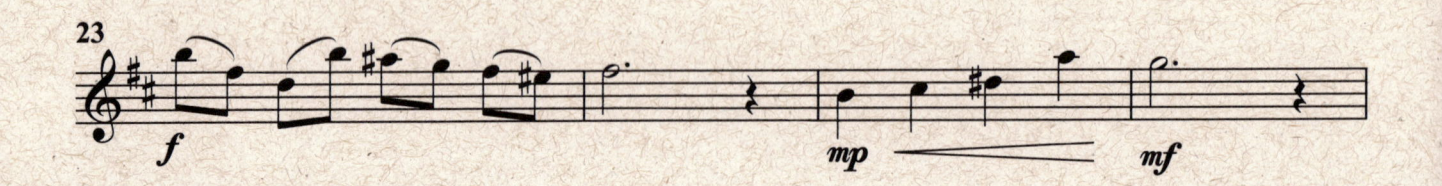

OCTÁVIO "BIMBO" AZEVEDO

DOIDICE

Saxofones em Sib
Arr.: NEVES

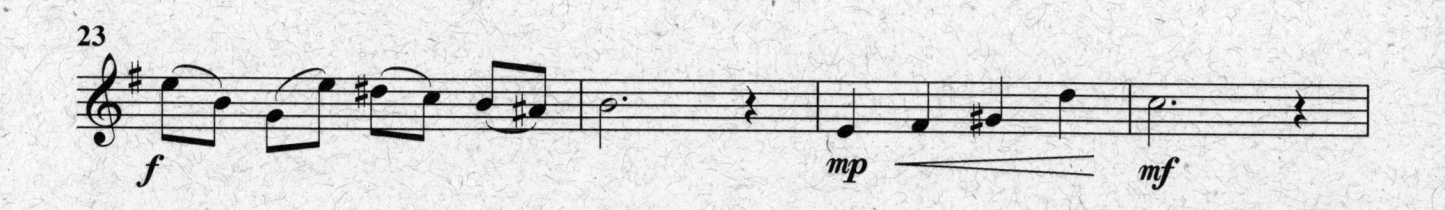

OCTÁVIO "BIMBO" AZEVEDO

CANÇÃO DO EXPEDICIONÁRIO

Saxofones em Sib
Arr.: NEVES

SPARTACO ROSSI
GUILHERME DE ALMEIDA

CANÇÃO DO EXPEDICIONÁRIO

Saxofones em Mi♭
Arr.: NEVES

SPARTACO ROSSI
GUILHERME DE ALMEIDA

NOSTALGIA

Saxofones em Sib
Arr.: NEVES

OCTÁVIO "BIMBO" AZEVEDO

NOSTALGIA

Saxofones em Mi♭
Arr.: NEVES

OCTÁVIO "BIMBO" AZEVEDO

ATRAENTE
POLKA

Saxofones em Sib
Arr.: NEVES

CHIQUINHA GONZAGA

* Para facilitar a utilização do *playback*, a duração das notas sob fermatas foram executadas sempre com dois tempos de duração.

Domínio Público

ATRAENTE
POLKA

Saxofones em Mi♭
Arr.: NEVES

CHIQUINHA GONZAGA

♩ = 80

*Para facilitar a utilização do *playback*, a duração das notas sob fermatas foram executadas sempre com dois tempos de duração.

Domínio Público

GAÚCHO
TANGO BRASILEIRO

Saxofones em Si♭
Arr.: NEVES

CHIQUINHA GONZAGA

Batuque ♩ = 82

D.C. al Fine

Domínio Público

GAÚCHO
TANGO BRASILEIRO

Saxofones em Mib
Arr.: NEVES

CHIQUINHA GONZAGA

Batuque ♩ = 82

Domínio Público

D.C. al Fine

EL PICA PAU

Saxofones em Si♭
Arr.: NEVES

OCTÁVIO "BIMBO" AZEVEDO

D.C al fine
sem repet.

EL PICA PAU

Saxofones em Mi♭
Arr.: NEVES

OCTÁVIO "BIMBO" AZEVEDO

Fine

D.C al fine
sem repet.

a Erik Heimann Pais

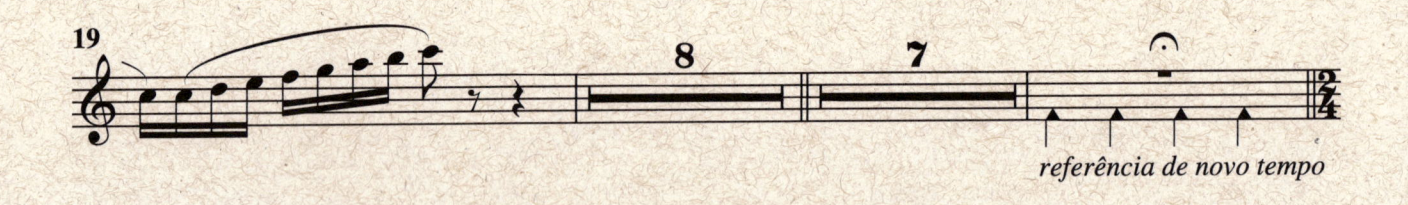

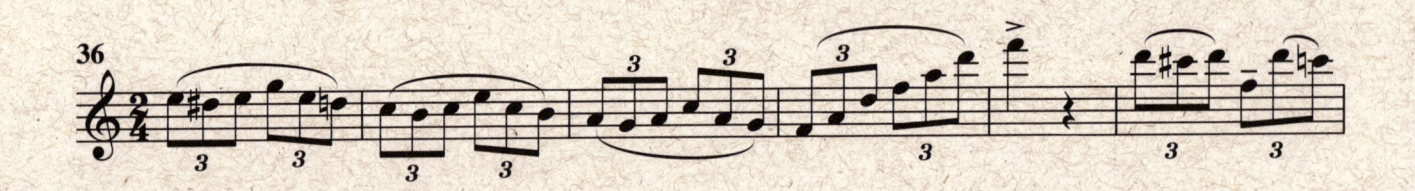

OBLIGATO AO SAXOFONE
para saxofone e banda

MARCELO AFONSO

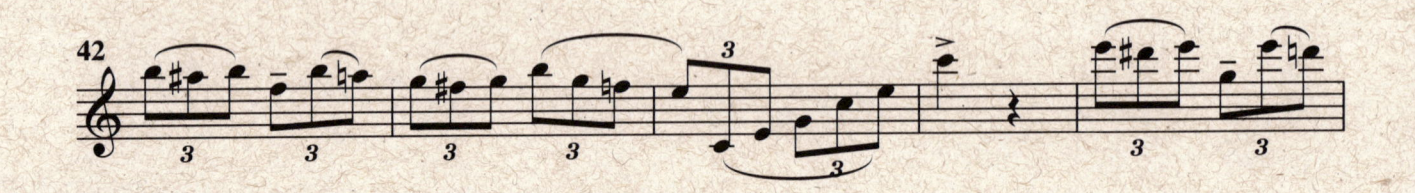

Moderato ♩ = 100

OBLIGATO AO SAXOFONE

continuação

continuação

OBLIGATO AO SAXOFONE

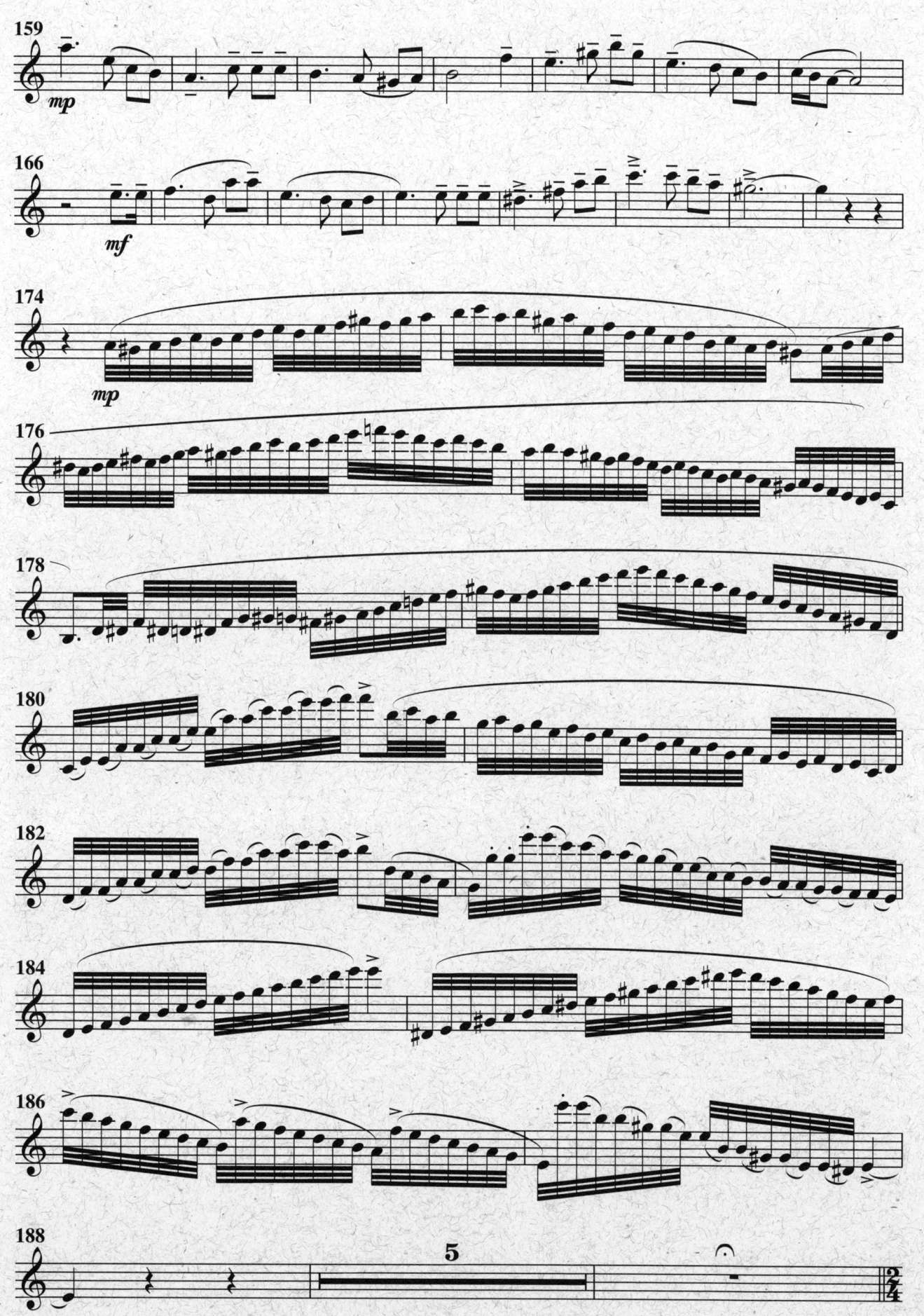

OBLIGATO AO SAXOFONE

continuação

continuação

OBLIGATO AO SAXOFONE

CAPÍTULO 6 - Referências e Recomendações Bibliográficas

ALLARD, Joe. *Three octave scale and chords for saxophone* (Escalas e acordes em três oitavas para saxofone). Nova York: Charles Colin, 1979.

BOZZA, Eugéne. *12 etudes-caprices, Op. 60* (Doze estudos-caprichos, Op. 60). Paris: Alphonse Leduc, 1944.

CARAVAN, Ronald. *Preliminary exercises and studies in contemporary technique for saxophone: introductory material for the study of multiphonics, quarter tones and timbre variation* (Exercícios e estudos preliminares para saxofone em técnicas contemporâneas: material introdutório para o estudo de multifônicos, quartos de tom e variações tímbricas). Medfield, Massachusetts: Dorn Publications, Inc., 1980.

CHAUTEMPS; KIENTZY & LONDEIX. *El saxofón* (O saxofone). Madri: Labor S.A., 1990.

DeLIBERO, Philip. *Contemporary saxophone studies* (Estudos contemporâneos para saxofone). Medfield, Massachusetts: Dorn Publications, Inc., 1975.

DE VILLE, Paul. *The world's edition universal method for the saxophone* (A edição mundial do método universal para saxofone). Nova York: Carl Fischer, 1908.

DORN, Ken. *Saxophone technique – Volume I, Multiphonics* (Técnica de saxofone – Volume I, Multifônicos). Medfield, Massachusetts: Dorn Publications, Inc., 1975.

FERLING, W. *48 etudes pour tous les saxophones* (48 estudos para todos os saxofones). Paris: Alphonse Leduc Editions Musicales, 1946.

GIAMPIERI, Alamiro. *Sixteen daily studies for saxophone* (Dezesseis estudos diários para saxofone). Milwaukee, WI: Ricordi Milan, distribuído por Hal Leonard, 1936.

HEGVIK, Arthur. *Scales and arpeggios* (Escalas e arpejos). Nova York: Henri Elkan Music, 1973.

KLOSÈ, Hyacinthe. *25 daily exercises for saxophone* (25 exercícios diários para saxofone). Medfield, Massachusetts: Gee/Dorn Publications, Inc., 1991.

KYNASTON, Trent. *Daily studies for all saxophones* (Estudos diários para todos os saxofones). Miami: CPP/Belwin, 1981.

KOECHLIN, Charles. *Etudes pour tout le saxophones* (Estudos para todos os saxofones). Paris: Editions Françaises Du Musique, 1973.

LANG, Rosemary. *Beginning studies in the altissimo register* (Exercícios básicos para o registro superagudo). Indianápolis, IN: Lang Music, 1971.

LIEBMAN, David. *Developing a personal saxophone sound* (*Desenvolvendo uma sonoridade pessoal no saxofone*). Medfield, Massachusetts: Dorn Publications, Inc., 1994.

LONDEIX, Jean-Marie. *Exercises méchaniques pour tous les saxophones* (*Exercícios de mecanismo para todos os saxofones*). Paris: Henry Lemoine, 1961-65.

_____. *Les gammes: conjointes et en intervalles pour tous les saxophones* (*As escalas: em graus conjuntos e em intervalos para todos os saxofones*). Paris: Henry Lemoine, 1962.

_____. *De la justesse d'intonation pour tous les saxophones* (*Precisão de afinação para todos os saxofones*). Paris: Alphonse Leduc, 1981.

MAUK, Steven. *Saxophone warm-ups* (*Aquecimento para saxofone*). Medfield, Massachusetts: Dorn Publications, Inc., 1994.

MULE, Marcel. *Enseignement du saxophone* (*Ensinamentos do saxofone*). Paris: Alphonse Leduc, 1946.

RASCHER, Sigurd. *Scales for the saxophone* (*Escalas para saxofone*). Nova York: McGinnis-Marx, 1965.

_____. & SCHIRMER, G. *158 saxophone exercises* (*158 exercícios para saxofone*). Milwaukee, WI: Hal Leonard Publishing Corporation, 1986.

ROSSEAU, Eugene. *Saxophone high tones* (*Notas agudas do saxofone*). St. Louis (EUA): MMB Music, 1978-81.

SALVIANI-IASILLI. *Exercises in all the practical keys for the saxophone* (*Exercícios para o saxofone em todas as tonalidades práticas*). Nova York: Carl Fischer, 1940.

TEAL, Larry. *The saxophonist's workbook: a handbook of basic fundamentals* (*O livro de exercícos do saxofonista: um livro de mão de conceitos fundamentais*). Miami: Encore Publications, 1958.

_____. *The art of saxophone playing* (*A arte de tocar saxofone*). Miami: Summy-Birchard, 1963.

_____. *Daily studies for the improvement of the saxophone technique* (*Estudos diários para a evolução da técnica no saxofone*). St. Louis (EUA): MMB Music, 1972.

_____. *The saxophonist's manual: a handbook of basic concepts* (*O manual do saxofonista: um livro de mão de conceitos básicos*). Miami: Encore Publications, 1978.

VIOLA, Joseph. *The technique of the saxophone* (*A técnica do saxofone*). Boston, MA (EUA): Berklee Press Pub. 1961-65.

_____. *Creative reading studies for saxophones* (*Estudos de leitura criativa para saxofone*). Milwaukee, WI: Hal Leonard Publishing Corporation, 1982.

WILENSKY, Danny. *Saxophone technique* (*Técnica do saxofone*). Nova York: Amsco Publications, 1989.

CAPÍTULO 7 - Sobre os Compositores, Autor e Arranjador

Claudio Franco de Sá Santoro nasceu em 23 de novembro de 1919 em Manaus. Compositor e maestro extensamente reconhecido e premiado, prodígio, ainda menino iniciou seus estudos de violino e piano, e seu empenho fez com que o Governo do Amazonas o mandasse estudar no Rio de Janeiro. Aos 18 anos, já era professor adjunto da cátedra de violino do Conservatório de Música do Rio de Janeiro. Recebeu dezenas de condecorações e desenvolveu uma bem-sucedida carreira nacional e internacional. Foi fundador do Departamento de Música da Universidade de Brasília, entre tantos grupos e instituições que criou. Faleceu regendo, em 1989, época em que exercia o posto de regente titular da Orquestra do Teatro Nacional de Brasília, atualmente Teatro Nacional Claudio Santoro.

Chiquinha Gonzaga nasceu no Rio de Janeiro em 1847. Filha de importante militar e de mãe mulata, embora tenha recebido educação aristocrática, desde cedo, freqüentava rodas de lundu, umbigada e outras músicas populares típicas dos escravos. Apaixonada pela música, viveu como musicista independente, tocando piano em lojas de instrumentos musicais, lecionando, apresentando-se em festas e compondo polcas, valsas, tangos e cançonetas. Foi considerada a primeira compositora popular do Brasil. Compôs músicas para 77 peças teatrais, tendo sido autora de cerca de duas mil composições.

César Guerra-Peixe nasceu em Petrópolis no dia 18 de março de 1914. Aos 9 anos, já tocava violão, bandolim, violino e piano. Obteve o primeiro lugar no concurso para ingressar na Escola Nacional de Música e se transferiu para o Rio de Janeiro. Em 1943, ingressou no Conservatório do Rio de Janeiro para se aperfeiçoar em contraponto, fuga e composição, tornando-se o primeiro aluno a concluir o curso de composição do Conservatório. Estudou o dodecafonismo, porém, dedicou grande parte de seus estudos desenvolvendo um caráter nacionalista de composição. Foi professor de composição na Escola de Música Villa-Lobos, e de orquestração e composição na Universidade Federal de Minas Gerais.

Marcelo Afonso, neto e bisneto de músicos tatuianos, nasceu em Tatuí em 1973. Formou-se em clarinete pelo Conservatório de Tatuí, onde participou intensamente de grupos sinfônicos e festivais. Exerce ampla atividade didática, tendo sido colaborador da Orquestra Sinfônica de Amadores de Araçoiaba da Serra, Corporação Musical Santa Cruz em Tatuí, Projeto Pró-Bandas da Secretaria de Cultura do Estado de São Paulo e Banda Municipal Ternura Tatuí. Desde 1991, é requintista da Orquestra de Sopros Brasileira.

Octávio Azevedo (Bimbo) nasceu em Tatuí no dia 30 de março de 1888, estudou e se aperfeiçoou na música na capital de São Paulo com o professor Ernesto Castagnolli. Realizou constantemente, na década de 1920, programas de música ao vivo nas pioneiras Rádio Educadora e Rádio Record. Compôs centenas de obras, se tornou reconhecido e premiado internacionalmente. Personalidade da cidade, quando morava em Tatuí, Bimbo gostava mesmo era de festa. Vivia rodeado de gente, recebia músicos (profissionais ou estudantes) em sua casa e fazia dela um ambiente altamente musical. Músico espirituoso e bem-humorado, encantava a cidade com as melodias e letras de suas composições. Faleceu em 21 de agosto de 1971, porém, será sempre lembrado por sua música, pela citação de seu nome na letra do hino a Tatuí e, principalmente, por sua imensa alegria de viver.

Spartaco Rossi, compositor e arranjador, foi flautista da Orquestra Sinfônica do Teatro Municipal de São Paulo e trabalhou nas rádios Excelsior e Nacional. Músico de experiência internacional, integrou o primeiro quadro de docentes do Conservatório de Tatuí e foi responsável pela regência da Orquestra Sinfônica de Amadores, primeiro grupo sinfônico da escola, criado pelo seu então primeiro diretor Eulico Mascarenhas de Queiroz.

ERIK HEIMANN PAIS

Diplomado, desde 1996, nos cursos de saxofone erudito e MPB/Jazz pelo Conservatório Dramático e Musical Dr. Carlos de Campos (CDMCC), de Tatuí-SP, o saxofonista Erik Heimann Pais recebeu, em 2003, o título *Licentiate in Saxophone Performance* pelo Trinity College London. Foi premiado em vários concursos nacionais, destacando-se o Concurso Nacional de Música de Câmara Henrique Niremberg onde recebeu, junto com o percussionista Luis Marcos Caldana, o primeiro prêmio por unanimidade do júri, presidido pelo maestro Alceu Bocchino. Atua como solista em bandas sinfônicas desde 1997, tendo tido a oportunidade de trabalhar sob a regência de grandes maestros nacionais e internacionais. Desde 2000, Erik Heimann Pais é professor de saxofone no projeto Pró-Bandas. Foi um dos solistas do 1º DVD da Orquestra de Sopros Brasileira e participou da gravação dos últimos 8 CDs do grupo. Atuou como docente nos quatro segmentos do Curso de Férias de Tatuí; integrou a equipe de implantação do Curso de Treinamento Auditivo do CDMCC; foi colaborador das revistas *Eldorado*, *Sax e Metais* e *No Tom*; participou, como representante administrativo do CDMCC, da conferência anual de bandas e orquestras *Midwest Clinic*, em Chicago-EUA, e, pela Yamaha do Brasil, da *III Conferencia Ibero Americana de Directores, Arregladores y Compositores de Banda Sinfônica,* em Córdoba/Argentina, e do XIV Seminário Yamaha de Bandas Sinfônicas, em Bogotá/Colômbia. Em 2004, foi solista convidado da University of Maryland Saxophone Ensemble sob a regência do renomado maestro cel. Arnald Gabriel. É um dos organizadores dos encontros internacionais de saxofonistas que ocorrem desde 2004 no Brasil. Integrou, a partir de 2005, o corpo docente do curso de saxofone erudito e se tornou, em 2006, coordenador da Área de Sopros. Atualmente, Erik Heimann Pais é primeiro alto/soprano da Orquestra de Sopros Brasileira e assessor artístico do Conservatório de Tatuí. Atua, desde março de 2006, como colaborador técnico-pedagógico para o Departamento de Difusão Musical da Yamaha Musical do Brasil. Erik Heimann Pais é *saxophone clinician* da Yamaha Musical do Brasil.

ANTÔNIO CARLOS NEVES CAMPOS

Maestro, formado em piano clássico pelo Conservatório de Tatuí em 1964. Em 1966, venceu o Concurso Regional de Piano em Massena, Estados Unidos, concluindo sua formação básica na Potsdam Central School, em Nova York. Estudou ainda com Arthur Frackenpohl e Raymond Schinner. Desde 1984, ocupa o cargo de diretor artístico do Conservatório de Tatuí. Como arranjador, tem escrito para diversos grupos musicais, como Orquestra Sinfônica de Campinas, Orquestra de Sopros Brasileira, Orquestra Sinfônica Paulista, Orquestra Sinfônica Juvenil, Banda Sinfônica do Estado de São Paulo, Banda Gallery, entre outros.

Como maestro e arranjador, trabalhou com Wagner Tiso, Hector Costita, Victor Biglioni, Altamiro Carrilho, Nivaldo Ornellas, Toquinho, Edu Lobo, Luiz Melodia, Quarteto em Cy e tantos outros, além de shows e gravações. Recentemente, regeu dois concertos com o trompetista norte-americano Marvim Stamm. Atualmente, dedica-se à música eletrônica, trabalhando com sintetizadores, seqüenciadores, *samplers* e computador. Foi coordenador geral do Festival de Inverno Dr. Luís Arrobas Martins, o tradicional Festival de Inverno de Campos do Jordão, em algumas edições. Projetou o Programa de Apoio às Bandas, o Pró-Bandas, desenvolvido pela Secretaria de Estado da Cultura em apoio às bandas e às fanfarras do estado de São Paulo. Recentemente, gravou três CDs com o cantor e compositor Toquinho, atuando como arranjador, pianista e maestro.

Em 2002, Jô Soares o convidou para produzir a trilha sonora da peça *Frankensteins*, que marcou a volta de Jô aos palcos. Em reportagem publicada no jornal *O Estado de S.Paulo*, Jô Soares diz: "(...) a música foi originalmente composta para o espetáculo, pelo maestro Antônio Carlos Neves". E conclui: "A sonoridade é linda".

O maestro Neves mantém o site de partituras e arranjos musicais <www.teklastudio.com.br>.

markpress
BRASIL